Adrian Fausch

Blockchain-Technologie
in der Kommunikationswirtschaft

Funktionsweise,
Anwendungsmöglichkeiten
und Evaluation

Bibliografische Information der Deutschen Nationalbibliothek:

Die Deutsche Nationalbibliothek verzeichnet diese Publikation in der Deutschen Nationalbibliografie; detaillierte bibliografische Daten sind im Internet über http://dnb.d-nb.de abrufbar.

Impressum:

Copyright © Studylab 2019

Ein Imprint der GRIN Publishing GmbH, München

Druck und Bindung: Books on Demand GmbH, Norderstedt, Germany

Coverbild: GRIN Publishing GmbH | Freepik.com | Flaticon.com | ei8htz

Inhalt

1 Einleitung

Bitcoin, Blockchain und Digitalisierung – so werden die Trends des 21.Jahrhunderts genannt. Mit der Entwicklung von Bitcoin, dem digitalen Gold für die Internetbezahlung, wurde erstmals das Vertrauen über die Verwaltung einer Bezahlwährung in die Hände einer Applikation übergeben.

Die Blockchain ist fähig einen menschlichen Buchprüfer abzulösen in Form einer digitalen Prüfstation, deren Funktion in einem Programm verankert ist. Zudem verspricht sie Transparenz, Nachvollziehbarkeit und Sicherheit.

Sind wir bereit, mit der Digitalisierung die Verantwortung über die Verwaltung von wichtigen Systemen in die Hände eines Programmes zu legen?

1.1 Strukturwandel und Digitalisierung

«Die einzige Konstante im Universum ist die Veränderung!» [1]

Heute leben wir in einer digitalen Welt mit einer Vielzahl von Innovationen. Daraus folgt ein stetiger Wandel der Gesellschaft, Wirtschaft und Technologie. Doch wie kommt es, dass man heute von einer digitalen und vernetzten Welt spricht?

Seit jeher versucht der Mensch sein Leben zu optimieren und zu vereinfachen; so auch seine Arbeitsabläufe und deren Organisation.

Vor der Industrialisierung setzte der Mensch Nutztiere ein, die ihm die schwere Arbeit auf dem Feld erleichterte.

Im 18. Jahrhundert wurden die ersten Webstuhlmaschinen konstruiert, die den Startschuss für die Massenproduktion gaben.

Mit der Einführung der Elektrizität als Antriebskraft (Ende des 19.Jahrundert) wurde die 2.industrielle Revolution hervorgebracht. Mit Ihr wurden Akkord und Fleissbandarbeiten zum täglichen Business.

Ab den 1970er Jahren startete die 3. industrielle Revolution: Die Automatisierung durch Elektronik und IT stand im Fokus. Nach den großen Rechenmaschinen gründete nun der Personal-Computer für Büro und Haushalt einen neuen Industriezweig.

---

[1] (Heraklit, 544 v. Chr.)

1

Und heute im 21.Jahrhundert befinden wir uns in der Mitte der 4. industriellen Revolution. Nun wird der Fokus auf die zunehmende Digitalisierung früherer analoger Techniken und der Integration von cyber-physischen Systemen gesetzt.

Dank dieser Entwicklung werden immer mehr Tätigkeiten und Abläufe digitalisiert. Es entstehen so elektronische Abbilder eines physischen Gegenstandes oder einer analogen Technik.

Es entstehen zum Beispiel, digitale Abbilder von Büchern, Bildern und Texten. Die Anwendungsmöglichkeiten sind hier fast unbegrenzt. Es kann auch ein digitales Abbild eines Logistiklagers in einem Computer gespeichert werden oder einer Person oder eines Unternehmens in Form eines Social Media Profiles.

Das umstrittenste digitale Abbild ist und bleibt das Geld. Wo früher noch der Geldschein einen Gegenwert zum Gold haben musste, können heute Banken und Staaten aus dem Nichts Geld generieren. Dies führt oftmals zu chaotischen Zuständen bis hin zu weltweiten Finanzkrisen.

Wer überprüft die Banken über die Richtigkeit und der Sinnhaftigkeit des Geldschöpfens? Diese Frage, stellte sich nicht nur aktuell die Schweizer Bevölkerung, die mit der Vollgeldinitiative darüber abstimmt, ob die Geldschöpfung nur noch von der Schweizer Nationalbank oder auch von anderen Banken ausgeführt werden kann.

Diese Frage nach der Sinnhaftigkeit des Geldschöpfens ist schon viel älter. Von Henry Ford stammt das Zitat: «Würden die Menschen das Geldsystem verstehen, hätten wir eine Revolution noch vor morgen früh.»[2]

Das bestehende Geldsystem, das auf einem staatlichen Monopol fusst, richtet in den Augen Vieler grossen Schaden an. Die Ansichtsträger sind der Meinung, dass das Geld in diesem System durch die Ausweitung der Geldmenge (auch Inflation genannt) absichtlich entwertet wird. Die Inflation wirkt wie eine heimliche Steuer, die der Staatsfinanzierung dient und die Einkommen und Ersparnisse der Bürger auffrisst.

1976 kritisierte der Wirtschaftsnobelpreisträger Hayek in seinem bahnbrechenden Buch «Entnationalisierung des Geldes» mit seinem Vorschlag von einem freien Wettbewerbs der Währungen das bestehende System. Er lieferte nicht nur der

---

[2]   (Ford, 19. Jh.)

heutigen klassisch-liberalen und libertären Szene eine Handreichung für eine neue Währungsordnung, sondern schuf wohl auch die Grundlage zum ersten, ernst zu nehmenden, Grossangriff auf das staatliche Geldmonopol weltweit.[3]

Doch dazu kam es nicht. Erst dank des Internets und der Verschlüsselungstechniken haben wir im 21.Jahrhundert alle Möglichkeiten, um die Vision eines «Geldes ohne Staat» in die Tat umzusetzen.

Das realisierte auch Bitcoin Schöpfer «Satoshi Nakamoto». Ein Pseudonym, von dem man nicht weiss wer oder was für eine Organisation dahintersteht. Satoshi Nakamoto entwickelte eine neue digitale private Währung entwickelte.

«Nakamoto» kombinierte vorwiegend bewährte Dinge miteinander. Zum Beispiel die Verschlüsselungstechnik mit einem privaten und einem öffentlichen Schlüssel oder das Peer to Peer Prinzip. Er schuf mit dieser bedeutenden Innovation die sogenannten Blockchain, eine weltweit verteilte dezentrale Datenbank, die öffentlich einsehbar und nicht im Nachhinein veränderbar ist.

Satoshi Nakamotos Erfindung war eine Antwort auf die von den Banken und Regierungen verursachten Finanzkrisen. Er wollte das Ende des Zeitalters der «Bankenrettung» auf Kosten der Steuerzahler.

Eine neue digitale private Währung ist entstanden, die unabhängig von Staat und Banken existieren kann.

Doch diese Erfindung, ist in meinen Augen nicht nur fähig die gesamte Finanzindustrie zu revolutionieren, nein sondern die ganze Wirtschaft.

Viele Unternehmen haben in Sachen Internet und E-Commerce, Mobile und Cloud-Computing lieber erst einmal abgewartet und passiv zugesehen, wie neue Technologien die Geschäftswelt veränderten.

Sie taten sich in der Folge schwer, mit den heute einschlägig bekannten Early Adopters mitzuhalten, die so klug waren, sich rechtzeitig auf den fundamentalen Technologiewandel einzustellen.

Mit meiner Arbeit über die Blockchain Technologie leiste ich einen aufschlussreichen Beitrag um ein besseres Verständnis für ihre Anwendungsmöglichkeiten zu ermöglichen.

---

[3] (Koenig, Bitcoin - Geld ohne Staat, 2017)

1.2 Zielsetzung und Forschungsfrage

Das Internet brachte viele Neuerungen, wie E-Mail, das World Wide Web, Dotcoms, soziale Medien, das mobile Web, Big Data, Cloud-Computing und somit die globale Vernetzung.

Dies liess die Wirtschaft rasant ansteigen. Doch diese Geschwindigkeit birgt auch grosse Risiken. Die Frage nach dem Vertrauen in das digitale Zeitalter ist eine grosse Thematik. Diese Vertrauensfrage stellt sich auch das heutige E-Commerce.

Vertrauen in der Geschäftswelt bedeutet nichts anderes als die Erwartungshaltung, dass sich der Geschäftspartner an die vier Grundregeln der Integrität hält: Ehrlichkeit, Gegenleistung, Rechenschaftspflicht und Transparenz.[4]

Auf diesen Grundpfeilern sollte meiner Meinung nach jede gesunde Geschäftsbeziehung basieren.

Seit Beginn des digitalen Zeitalters war das Erfüllen dieser Bedingungen ein besonders schwieriger Aspekt.

Doch nach der grossen Finanzkrise 2008 schien es, als hätte jemand den Geist der Technik aus der Flasche befreit. Die Blockchain Technologie wurde erfunden.

Mit der Blockchain Technologie ist es möglich den Geldverkehr transparent, sicher und nachvollziehbar zu machen. Doch meiner Meinung nach ist es zudem möglich diese Technologie auf viele weitere Anwendungsmöglichkeiten ableiten zu lassen.

Überall dort wo eine intermediäre Funktion, also eine Prüfstation ersetzt werden kann, könnte die Blockchain Einzug finden und trotzdem noch als transparent sicher und nachvollziehbar gelten.

Sie ist nach meiner Ansicht nach fähig, die Wirtschaft sowie die Gesellschaft zu revolutionieren. Gerade in der auf uns zukommenden 4. industriellen Evolution. Für die Vernetzung von Teilprozessen und deren Verwaltung in Form eines cyber-physical Systems, sowie als zusätzliches integriertes Kontrollsystem mit einem Protokollmechanismus kann sie die grundlegende Lösung sein.

Die Blockchain hat das Potential, Geschäftsabläufe über alle Branchen hinweg zu verändern. Sie ist ein dezentraler Software Mechanismus für ein zufällig verteiltes öffentliches Kontierungssystem, das über eine Kette von Rechnern läuft, die alle

---

[4] (Tapscott & Tapscott, 2016)

Transaktion genehmigen muss, bevor diese verifiziert und durchgeführt werden können.

Der Zahlungsverkehr, Finanzierungsanfragen und Geschäftsabwicklungen beschleunigen sich, ohne Zwischenstationen für die Authentifizierung und Sicherung von Transaktionen. Die Technologie kann meiner Ansicht nach nicht nur Vorgänge effizienter gestalten, sie kann sogar viele neue Geschäftsmodelle ermöglich.

Meine Diplomarbeit verfolgt 3 Ziele:

1.Mit meiner Diplomarbeit stelle ich die noch junge Innovation Blockchain Technologie vor; zeige ihren Aufbau und Funktionen auf. Die Arbeit soll als Nachschlagewerk für die grundlegende Technik der Blockchain fungieren.

Sie soll Unternehmen die Chance bieten sich rechtzeitig auf den nach meiner Meinung nach fundamentalen Technologiewandel einzustellen, um mit den Early Adopters im Grundverständnis für die Anwendung der Blockchain Technologie mitzuhalten zu können.

2. In der Diplomarbeit werden, die Vor- und Nachteile dieser Technologie dargelegt. Zudem die Anwendungs- und Einsatzmöglichkeiten in der Kommunikationswirtschaft beleuchtet wie sie als systemübergreifende Software funktionieren kann und welche Aufgabe sie im Zeitalter der «Industrie 4.0» erfüllen kann.

3. Durch eine sorgfältige Evaluation der Anwendungsmöglichkeiten der Blockchain Technologie, zeigt die Arbeit auch weitere zukünftige betriebswirtschaftliche und gesellschaftliche Perspektiven auf.

2 Was ist die Blockchain?

Die Blockchain mit ihrer ersten digitalen Währung Bitcoin war der Startschuss der Blockchain Revolution. Das Ziel des Pseudonyms Satoshi Nakamoto war es, ein weltweites Zahlungssystem aufzubauen, das ohne Vertrauen in zentrale Institutionen wie Banken und Regierungen auskommt.

Er entwickelte das digitale Währungssystem «Bitcoin» das mit einer Verwaltungssoftware verknüpft und die sogenannte Blockchain ist.

Die Blockchain kann man als eine dezentrale Kontoverwaltungs- Software verstehen, die mit einem kryptografischen Aufzeichnungsprotokoll verknüpft ist. Die Blockchain ist dazu gedacht wichtige Informationen wahrheitsgetreu und dezentralisiert zu hinterlegen. Sie speichert die ganze Historie von getätigten Aktionen oder Veränderungen von Zuständen ab. Diese Informationen werden chiffriert und in chronologischer Reihenfolge auf eine Datenbank abgespeichert.

Die Verwaltungsfähigkeit dieser Technologie war ursprünglich nur für das von Nakamoto entwickelte Währungssystem gedacht. Doch wenn man das Konzept der Blockchain Technologie versteht, merkt man, dass die Anwendungsmöglichkeiten dieser neuen Technologie für viele anderen Bereiche ebenso möglich wären.

2.1 Konzept

Um das Konzept der dieser Technologie zu verstehen, schauen wir uns die wichtigsten und grundlegenden Bestandteile einer Blockchain an. Jedes der folgenden Bestandteile der Blockchain trägt dazu bei um die charakteristische Bedeutung dieser Technologie zu verstehen.

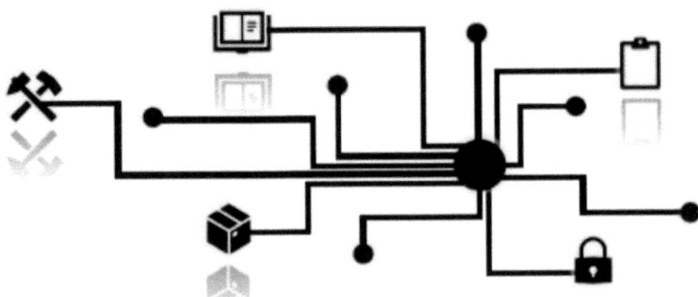

Abb. 1: Strukturvernetzung der Blockchain
Eigene Darstellung

2.1.1 Der Quellcode

Der Quellcode ist ein Programmiercode auf dem festgehalten wird, wie die geschriebene Abfolge von Programmanweisungen ist.

Der Quellcode kann auch als ein digitaler Plan verstanden werden. Auf ihm ist sichtbar in welcher Reihenfolge und unter welchen Bedingungen die einzelnen Programmabschnitte miteinander kommunizieren. Der Quellcode einer Blockchain ist Open Source also öffentlich. Das heisst jeder Interessierte kann Einsicht in die Programmierung der Verwaltungssoftware zu haben.

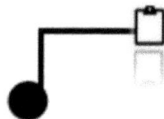

Abb. 2: Vernetzung Quellcode
Eigene Darstellung

2.1.2 Smart Products

Unter Smart Products versteht man die zu verwaltenden Einheiten in einem System. In der Bitcoin Blockchain, sind das die Kryptowährungen und deren Konten über die buchgehalten wird.

Anstelle einer Kryptowährung als Smart Product könnte man auch andere digitale Abbilder von Gegenständen oder Arbeitsprozessen verwenden, die man verwalten möchte. Dies können zum Beispiel die Produkte in einer Lagerhalle, oder Maschinen in einer Produktionsstätte oder die Bürger einer Stadt sein.

Das digitale Abbild des Smart Products in der Blockchain hat die Form eines Datenträgers, in der Aktionen und Veränderungen seines Zustanden gespeichert werden kann. Sobald also eine Aktion mit einem Smart Product stattgefunden hat, sendet es Signale an die Verwaltungssoftware Blockchain.

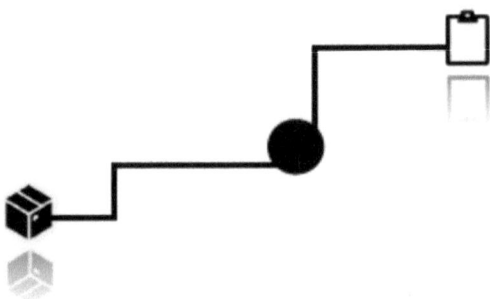

Abb. 3: Vernetzung Smart Products
Eigene Darstellung

2.1.3 Hauptbuch

Das Hauptbuch oder eben die Blockchain genannt wird als Aufzeichnungsinstru-
ment verstanden. Es speichert einsehbar und somit nachvollziehbar alle Zustand-
sänderungen der Smart Products auf einen sogenannten Block ab.

Erst wenn der Block auf seine Richtigkeit überprüft worden ist, wird er mittels einer Verschlüsselungstechnik an die vorangegangenen Blöcke des Hauptbuches angebracht. Alle zehn Minuten – sozusagen der Herzschlag des Netzwerks – werden
alle durchgeführten Transaktionen verifiziert, freigegeben und in einen Block abgespeichert, der sich an den vorausgegangenen Block anschließt. So entsteht eine
Kette, die das Hauptbuch bildet.

Jeder Block muss sich auf den vorherigen Block beziehen, ansonsten ist er ungültig.
Mit dieser Struktur ist dafür gesorgt, dass jeder Wertaustausch dauerhaft mit einem Zeitstempel versehen und gespeichert wird, was erfolgreich verhindert, dass
das Hauptbuch geändert werden kann.[5]

Auf dem Hauptbuch lässt sich so jede Transaktion, die jemals im Netzwerk getätigt
wurde wieder auffinden.

---

[5]   (Alex Tapscott & Don Tapscott, 2016)

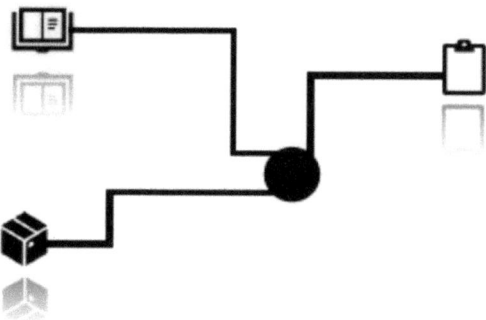

Abb. 4: Vernetzung Hauptbuch
Eigene Darstellung

2.1.4 Mining

Unter dem Mining versteht man das Überprüfen eines Blockes, der in das Hauptbuch abgelegt werden soll. Das Überprüfen des Blockes wird von mehreren Parteien dezentral vollzogen.

Dies wird mittels eines Konsenses bestimmt, also über die Übereinstimmung der Mehrheit. Wenn die Mehrheit mit den neuen Informationen einverstanden ist, wird dieser Block mit einem Zeitstempel abgespeichert und in der Blockchain verewigt.

Umso mehr Parteien in diesen Prozess eingebunden sind, umso verteilter ist die Macht im Netzwerk und umso aussagekräftiger ist der Überprüfungsprozess.

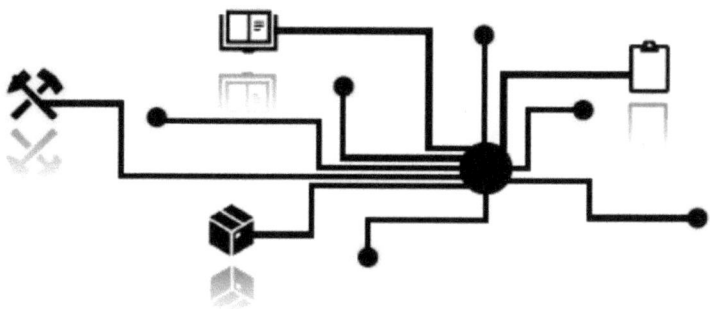

Abb. 5: Vernetzung Mining
Eigene Darstellung

2.1.5 Sicherheitssysteme

Das Prinzip über eine Verwaltung von Ressourcen oder auch Einheiten ist nichts Neues. Erst durch die verschiedenen implementierten Sicherheitsfeatures wird die Blockchain Technologie zu einem der sichersten Verwaltungssoftwares, die es gibt.

Zu diesen Sicherheitsfeatures gehören die dezentrale Charakteristik des Netzwerkes sowie die Hashfunktion und die privat Keys. Dadurch wird die Information, die in einem Block verankert wird verschlüsselt und nur für Befugte einsehbar.

Das Proof of Work und das Proof of Stake sind ein weitere Sicherheitsfaktoren der Blockchain. Sowie die Anzahl der Miner. Umso mehr Miner es gibt umso sicherer und stabiler wird das Netzwerk.

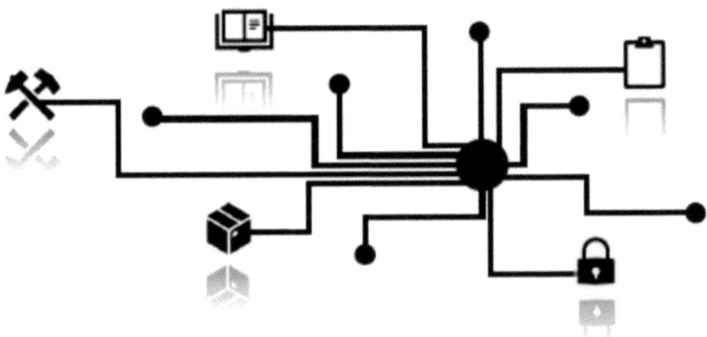

Abb. 6: Vernetzung Sicherheitssysteme
Eigene Darstellung

2.2 Mining

Unter dem Miningprozess versteht man das Überprüfen eines neuen Blockes, der in das Hauptbuch abgelegt werden soll. Alle enthaltenen Informationen werden auf ihre Gültigkeit überprüft.

Wer aber überprüft die Richtigkeit über diese Transaktionen, die abgespeichert werden? Dies ist die zentrale Frage, wenn man von einer automatisierten Verwaltungssoftware spricht.

Diese wichtige und autoritäre Funktion, übernehmen in der Blockchain Technologie die Miner. Das sind Personen die sich als Buchprüfer mittels einer Software der Blockchain zur Verfügung stellen. Grundsätzlich steht es jedem offen, Miner zu werden. Man benötigt dafür keine Erlaubnis, sondern muss nur eine frei verfügbare Software herunterladen und kann loslegen.

Dieser Vorgang geschieht über eine dezentrale und öffentliche Software. Das Programm überprüft jeden neuen Block auf dem Netzwerk der Blockchain. Die Miningsoftware übernimmt hier eine Funktion eines Buchprüfers. Je mehr beteiligte Parteien, also umso grösser die Mehrheit der an dieser Überprüfung arbeitenden Personen ist, desto aussagekräftiger und sicherer wird die Blockchain.

Im Fall der meisten Kryptowährungen, so auch im Bitcoin Netzwerk, werden die Miner für ihre Arbeit belohnt. Diese Belohnung findet in diesem spezifischen Netzwerk durch eine Ausschüttung von Bitcoins statt.

Die Miner befinden sich in einem ständigen Wettrennen um den nächsten gültigen Block. Nur wer eine schwierige kryptographische Aufgabe als Erster löst (siehe Kapitel 2.4), hat das Recht, seinen Block an die Blockchain zu hängen.

Sobald einer der Miner behauptet, die Lösung gefunden zu haben, überprüfen alle anderen, ob sie tatsächlich richtig ist. Wenn dies der Fall ist, verwerfen sie ihren eigenen Block. Die Blockchain wächst dann um den neuen Block des Gewinners. Alle Miner laden daraufhin die aktualisierte Blockchain herunter und machen sich an die Arbeit am nächsten Block.

Der glückliche Finder des neuen Blocks erhält zur Belohnung wiederum eine bestimmte Anzahl von Kryptocoins, die in diesem Moment neu entstehen. Daher der Name Mining, also Schürfen. Der materielle Anreiz ist sehr wichtig, damit Menschen ihre Computer für diesen Prozess zur Verfügung stellen. Es entstehen ihnen schliesslich Kosten, etwa für die Anschaffung der Hardware, ihre Wartung und die laufenden Stromkosten. Nur wenn sie langfristig mehr an neu «geschürften» Coins einnehmen, als ihnen an Kosten entsteht, rechnet sich für sie das Mining.[6]

Inzwischen lohnt sich das Mining jedoch nur, wenn man über spezielle, sehr schnelle Computer verfügt, die hohe Leistungen erzeugen.

2.3 Proof of Work und Proof of Stake

Da der Miningvorgang sowie die Aktualisierung der Blockchain auf der Übereinstimmung der Mehrheit der Teilnehmer basiert, also wird genau das gemacht wofür mindestens 51% des Netzwerks gestimmt haben. Die Problematik ist, dass

---

[6]   (Koenig, Crypto Coins , 2017)

11

jemand versuchen könnte, viele solche Knotenpunkte bzw. Teilnehmer zu generieren oder zu kopieren umso an die Mehrheit im Netzwerk zu gelangen, das Netzwerk könnte so übernommen werden.

Damit dies nicht passieren kann, gibt es 2 verschiedene Modelle in der Blockchain. Beide basieren darauf, dass man etwas beweisen muss um also Knotenpunkt beziehungsweise Teilnehmer gelten zu können.

Beim ersten Modell, Proof of Work genannt, muss man beweisen, dass man eine gewisse Arbeit verrichtet hat, um ein Teilnehmer des Netzwerks zu sein.

Das Proof of Work Verfahren wurde in den 1990er Jahren entwickelt, um Computersysteme vor Attacken und Missbrauch zu schützen. Die Grundidee besteht darin, dass ein Nutzer eines Systems eine bestimmte Arbeitsleistung vorweisen muss, um daran teilzunehmen.[7]

Dieser Arbeitsnachweis wird bei der Blockchain während des Miningprozesses vollzogen. Der Leistungsnachweis wird durch Aufwendung von Energie für die Mining - Software erbracht.

Das zweite Modell ist der Proof-of-Stake Mechanismus. Es ist eine Form des sogenannten Konsens-Mechanismuses, um im Netzwerk einen Konsens zu erzielen und sich gemeinsam auf eine identische Version der Blockchain zu einigen.

Ausschlaggebend ist der Stake eines Nutzers, also der Anteil an der insgesamten Menge an Tokens oder Coins dieser Netzwerkwährung, die er besitzt. Je größer der Anteil, desto wahrscheinlicher ist es, dass dieser Nutzer ausgewählt wird, um den nächsten Block zu minen. Grob betrachtet lässt sich der Proof-of-Stake Mechanismus im Vergleich zu Proof-of-Work eher mit einer Aktiengesellschaft vergleichen – wer einen größeren Anteil am Unternehmen besitzt, erhält im Normalfall mehr Stimmrechte, die zu Entscheidungen berechtigen.

Ein wichtiger Unterschied ist dennoch, dass beim Proof-of-Stake Mechanismus für die Konsens-Bildung eines Blockchain-Netzwerks ein Zufallsalgorithmus eingesetzt wird. Dieser zieht einen Teilnehmer, der anschließend das Recht hat, den Block zu minen. Vereinfacht gesagt ist jedes Token einer Kryptowährung dann ein Gewinnlos – folglich besitzen Nutzer mit einem höheren Stake (= mehr Gewinnlose) auch eine höhere Wahrscheinlichkeit, ausgewählt zu werden.[8]

---

[7] (Koenig, Crypto Coins , 2017)

[8] (www.btc-echo.de, 2017)

2.4 Hashing

Eine weitere wichtige Grundlage für das Verständnis der Blockchain Technologie ist die Hashing Funktion.

Es ist eine weitere Kernfähigkeit, der die Blockchain Technologie auszeichnet.

Ein Hash ist ein mathematisches Verfahren zur Verschlüsselung und Komprimierung von Daten. Das Besondere dabei ist, dass das Ergebnis stets dieselbe Grösse hat, unabhängig von der Grösse der Ausgangsdatei.[9]

Durch das Komprimieren der Daten im Netzwerk kann ein viel schnellerer Datenfluss gewährleistet werden. Ein weiterer Prozess ist die kryptografische Verschlüsselung von Informationen. Durch das Hashing werden die Informationen anonymisiert es ist also so nicht mehr einsehbar was in den Dateien ursprünglich abgespeichert worden ist.

Dies ist zum Beispiel der Hash der Wörter:

HF TGZ

→ 0899b7156cfe526a7eef270ddd2f4ff897810f70

Und dies wäre der Hash des Namens meiner Diplomarbeit:

Blockchain Technologie in der Kommunikationswirtschaft

→ b654abf4f35811c5dbe7c16eaa694e3a0ac0b364

Nur wer den kryptografischen Code (privat Key) besitzt um den Hash zu entschlüsseln, ist in der Lage den Hash in seine Ursprüngliche Form umzuwandeln um diese Information einzusehen und zu verwenden. Die Hashfunktion ist somit ein weiterer Sicherheitsmechanismus der Blockchain Technologie und macht sie somit für nicht berechtigte Personen uneinsehbar und somit unbrauchbar.

2.5 Peer to Peer Prinzip (P2P)

Peer-to-Peer-Netze (P2P) sind Rechnernetze bei denen alle Rechner im Netz gleichberechtigt zusammenarbeiten. Das bedeutet, dass jeder Rechner anderen Rechnern Funktionen und Dienstleistungen anbieten und andererseits von anderen Rechnern angebotene Funktionen, Ressourcen, Dienstleistungen und Dateien nutzen kann.

---

[9]   (Koenig, Crypto Coins , 2017)

Die Daten sind auf viele Rechner, in der Regel auf die der Nutzer, verteilt. Das Peer-to-Peer-Konzept ist ein dezentrales Konzept, ohne zentrale Server, wie da Internet. Jeder Rechner eines solchen Netzes kann mit mehreren anderen Rechnern verbunden sein.[10]

Ein grosser Vorteil des P2P Netzwerkes im Vergleich zu einem zentralen Server ist der Sicherheitsaspekt. Um ein solches Netzwerk lahmzulegen bzw. seinen Dienst zu stoppen müsste man all seine Knotenpunkte lahmlegen können. Und das ist je nach Grösse des Netzwerks gar nicht möglich.

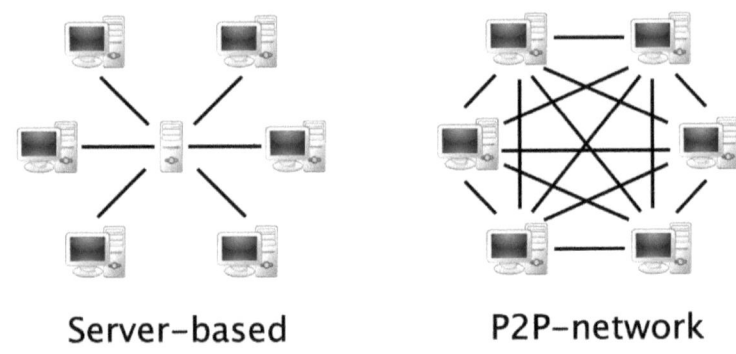

Server-based   P2P-network

Abb. 7: Peer to Peer Network
Quelle: http://insurelab.de/peer-to-peer-wie-funktioniert-teilen-in-der-versicherungswirtschaft/

2.6 Open Source

Eine weitere spezielle Eigenschaft der Blockchain Technologie ist das Open Source Prinzip. Das bedeutet, dass der Quellcode der Blockchain öffentlich ist. Das heisst, dass jeder der möchte, den Quellcode der Blockchain auf den Aufbau und Fehler überprüfen und diesen sogar an weiterentwickeln kann.

Im Vergleich zu herkömmlichen Software Firmen wie Microsoft, Oracle oder Adobe hält eine Open Source Datei ihren Quellcode ihrer Programme nicht geheim.

Das beste Beispiel für ein bestehendes Open Source Projekt ist wohl das Betriebssystem Linux. Durch die Offenlegung des Quellcodes des Betriebssystems wurden

---

[10] (www.itwissen.info, 2017)

viele Software-Entwickler auf das System aufmerksam. Durch das gemeinsame öffentliche Arbeiten an einem Programm im Serverbereich also in der Entwicklungsphase, wurde Linux eines der dominierenden Betriebssysteme des digitalen Zeitalters.

2.7 Dezentralität

Ein zu zentralgesteuertes System birgt automatisch Gefahren mit sich. Sei es in der Staatsführung, in der Unternehmensorganisation oder in einem Finanzsystem. Die Gewaltenteilung verhindert die Konzentration der Macht bei einzelnen Parteien und schiebt dem Machtmissbrauch einen Riegel vor.

Die Rechnerverteilung ist nur ein Aspekt der Dezentralität der Blockchain. Sie bietet mit dem P2P eine grosse Sicherheit gegen Hackerangriffe. Viel imposanter ist der Gedanke, dass durch die Dezentralisierung des Netzwerks, eine Community, die sowohl global, wie politisch oder zeitlich unabhängig ist, trotzdem zu einem Konsensus kommen kann. Also eine Übereinstimmung der Mehrheit, die gemeinsam entscheidet, wie die Verwaltung des Systems weiter vorangehen soll.

2.8 Smart Contracts

Die wohl bekannteste und zukunftsträchtigste Applikation von einer Blockchain, sind die Smart Contracts. Sie sind eine neue Form von Verträgen. Dabei handelt es sich um intelligente Verträge auf einer Blockchain, die eine Stufe der automatisierten Datenabwicklung bilden.

Dabei handelt es sich um webbasierte Computerprotokolle, die Verträge abbilden und die Abwicklung eines Vertrages technisch unterstützen. Diese Computeralgorithmen legen fest, welche Bedingungen zu welcher Entscheidung führen. Vorteilhaft ist bei dieser automatisierten Abwicklung von Verträgen, dass keine Juristen oder Anwälte beim Abfassen oder Ausführen benötigt werden. Diese Algorithmen könnten zum Beispiel Verträge in Echtzeit überwachen und die Aktionen der Vertragspartner automatisch durchsetzen. Somit wird der Faktor Mensch als Intermediäre Funktion und somit als mögliche Fehlerquelle ausgeschlossen.[11]

---

[11] (www.computerwoche.de, 2018)

2.9 Infrastruktur

Durch die Dezentralität wird die Verwaltung also das Betreiben des Netzwerks, auf mehrere Parteien aufgeteilt. (Siehe Abl. In 2.5 P2P). Dadurch verfallen zentrale Rechenzentren wie bei alternativen Datenspeicheranbietern.

Doch ganz ohne Infrastruktur kommt auch die Blockchain nicht aus. Gerade im Miningprozess wird je nach Grösse und Auslastung des Netzwerks eine hohe Stromleistung erbracht. Dafür sind heute schon unzählig grosse Rechenzentren ja gar Rechenfarmen für die Aufrechterhaltung einer Blockchain nötig.

2.10 Heutige Anwendungen

Die Blockchain Technologie ist noch sehr jung und doch hat sich schon in vielen Hinsichten weiterentwickelt. Heute gibt es schon über 1600 verschiedene Kryptowährungen, die auf einer Blockchain basieren. Viele dieser Währungen sind bereits viel mehr als eine Währung zum Bezahlen. Sie erfüllen heute schon ganz unterschiedliche Funktionen. In diesem Kapitel wird behandelt, wie die bekanntesten Blockchain Systeme funktionieren und aufgebaut sind.

2.10.1 Finanzsektor

Die meisten Kryptowährungen auf dem Markt widmen sich dem Finanzsektor. Sie nehmen diverse Aufgaben an um den weltweiten Zahlungsverkehr zu vereinfachen. Die Idee des dezentralen Geldsystems ist schon in vielen Ländern verankert und wird dort auch schon angewandt.

2.10.2 Bitcoin

Die erste Kryptowährung die es auf einer Blockchain je gab, war der Bitcoin. Dieser wird bereits in vielen Gebieten eingesetzt. Von der einfachen Zahlung in Online Shops bis hin zu täglichen Zahlungen in einem Kafee, wird die Währung schon angewendet.

Die Verwendung für den Zahlungsverkehr über Bitcoins nimmt täglich zu.

So gibt es heute schon Gemeinden im Kanton Zug, die ein Teilsatz der Steuern in der besagten digitalen Währung akzeptieren. Die Währung ist in jeglichen Branchen einsetzbar und könnte den herkömmlichen Zahlungsverkehr ablösen.

2.10.3 Ethereum

Ganz anders als die Kryptowährung Bitcoin ist die Kryptowährung Ethereum. Die Ethereum Blockchain wird auch oft als die Blockchain 2.0 bezeichnet. Mit ihr kann ebenfalls bezahlt werden, doch sind die Abnehmer in der Gesellschaft und Wirtschaft eher begrenz. Denn Ethereum setzt auf eine ganz andere Kernaufgabe. Mit den Smart Contracts verschreibt sich diese Blockchain Technologie durch das dezentrale Vertrauensprotokoll ganz der automatisierten Vertragsabwicklung, was meiner Ansicht nach eines der grössten Potentiale dieser Technologie ist.

2.10.4 NEO

Die NEO Blockchain hat sich als Ziel gesetzt die Blockchain für die zukünftige Smart Economy zu sein. Auf ihr ist es möglich wie auf der Bitcoin Blockchain oder Ethereum Blockchain eine Transaktion auszutauschen. Sie besitzt ebenfalls eine Smart Contractfunktion wie die Ethereum Blockchain. Der unterschied zeigt sich aber darin, dass man NEO eine digitale Identität hat, die zu einer Person zählt. Mit dieser Funktion wollen die Entwickler der NEO Blockchain die führende Blockchain für das Vertragswesen sein.

2.10.5 IOTA

Eine andere Blockchain ist die Iota Blockchain. Sie wird auch als Blockchain 3.0 bezeichnet. Die Iota Blockchain möchte ein Verwaltungsystem bilden für die digitalisierte Welt von Morgen. Ihr Ziel ist es jegliche Kommunikation zwischen modernen Smart Products der Industrie 4.0 verwalten zu können. Das ist ein sehr grosses Ziel, wenn man bedenkt, wie viele Gegenstände es gibt oder noch geben wird, die mit dem Internet kommunizieren. Sei es ein Auto, das mit einer Tanksäule kommuniziert, oder Interaktionen zwischen mehreren Maschinen.

3 Anwendungsmöglichkeiten in der Kommunikationswirtschaft

Die Anwendungsmöglichkeiten im Finanzsektor mit der integrierten Smart Contract Lösung sind bereits etablierte Funktionen für die Blockchain. Doch meiner Meinung nach sind die Möglichkeiten für diese innovative Technologie noch nicht ausgereizt. Die Möglichkeiten, die diese junge Technologie uns bieten kann, könnten noch viel mehr Bereiche abdecken. In diesem Kapitel werden die möglichen Anwendungen für die Kommunikationswirtschaft und ihren Nutzen behandelt.

3.1 Industrie 4.0

Seit der Erfindung der Dampfwalze führte der Weg der Entwicklung über die ersten Förderbänder bis hin zu vollautomatisierten Teilprozessen. Die nächste grosse Herausforderung, die sich die Industrie nun stellen muss, ist die Vernetzung von Prozessen und Systemen. Die Rede ist von der Industrie 4.0 oder auch der digitalisierten Industrie.

Das Ziel der Industrie 4.0 ist es, Mensch, Maschine und Fertigungsteile sowie externe Systeme so miteinander zu vernetzen, damit ein vollautomatisierter Informationsaustausch und ein gleichzeitiger Warenfluss stattfinden kann.

Informationen sollen in Echtzeit verarbeitet und automatisiert abgewickelt werden. Dabei wird versucht eine möglichst hohe Kohärenz zwischen Informationsfluss und Warenfluss zu schaffen. Auf dem Weg in die Zukunft wird sich die Industrie in eine dynamische, flexible und dezentrale Organisation transformieren.

Damit solch eine Vernetzung von physischen Aktionen mit digitaler Daten stattfinden kann brauch es folgende Komponenten.

3.1.1 Ebene 1 Smart Products

An einem physischen Objekt zum Beispiel ein Packet in der Logistik, oder eine physische Aktion einer Maschine, von der ein digitales Abbild erschaffen werden soll, wird ein RFID Chip angebracht. Dieser dient als Informationsträger bzw. Informationssender.

3.1.2 Ebene 2 Datenbank

Der Chip beinhaltet alle relevanten Informationen über das physische Objekt und ist in der Lage diese Informationen an ein System zu senden. Somit ist das physische Objekt jederzeit auffindbar und adressierbar und nachvollziehbar.

3.1.3 Ebene 3 Dienstsysteme

Damit mit den angesammelten Daten auch gearbeitet werden und ein Kommunikationsaustausch zwischen verschiedenen Schnittstellen stattfinden kann, werden speziell dafür geeignete Applikationen programmiert. Solch eine Software kennt man zum Beispiel unter der ERP Software (Enterprise-Resource-Planning).

Die Blockchain könnte in der Industrie 4.0 ein fundamentales Kernstück sein, dass das gesamte Netzwerk sowie die Verwaltungssoftware über alle 3 Ebenen bilden könnte.

Die Blockchain Technologie weist die perfekten Charaktereigenschaften dafür auf.

Vorteile durch Blockchain bei der Integration mit der Industrie 4.0

- Mit der, auf der Blockchain befindlichen Smart Products lassen sich alle relevanten Informationen der 1. Ebene speichern.

- Die Blockchain ist in der Lage als Protokollsystem der Daten zu fungieren, indem sie Informationen wahrheitsgetreu speichern und hinterlegen kann. Somit ist auch die 2. Ebene der Industrie 4.0 gedeckt.

- Auch in der 3. Ebene kann die Blockchain punkten. Damit ein Kommunikationsaustausch mit anderen Vernetzungen im Netzwerk stattfinden kann, könnte man mittels Smart Contracts Bestimmungen festlegen, was wie mit wem interagieren soll.

- Die Blockchain ist nicht nur in der Lage alle 3 Anforderungsebenen der Industrie 4.0 abzudecken. Sie kann sich noch bei vielen anderen Problemen der neuen Innovation als Problemlöser zeigen. Diese möchte ich in folgenden Kapiteln näher beleuchten.

3.2 Internet of Things

Wenn wir von einer digitalisierten Welt hören, kommen wir um den Begriff Internet der Dinge nicht herum. Im Gegenteil, im Internet der Dinge ist das Prinzip der Digitalisierung verankert. Durch das Internet getrieben, wachsen reale und virtuelle Welt immer enger zusammen.

In Internet of Things geht es darum, dass physische Gegenstände mittels eines Chips oder Sensors mit dem Internet verknüpft werden. Ein digitales Abbild wird im Netzwerk verankert, dass fähig ist mit anderen verbundenen Schnittstellen zu kommunizieren.

Das klingt aber alles noch ein bisschen futuristisch und weit weg. Doch wenn wir betrachten was wir heute schon alles über das Internet abwickeln, dann wird das Ganze schon realitätsnäher. Ganze Wertschöpfungsprozesse wären ohne dem heutigen E-Business gar nicht vorstellbar.

In Betracht auf die Zukunft der elektronischen Beschaffung und des elektronischen Absatzmarktes im Internet wird die Blockchain Technologie als globales Netzwerk für physische Objekte noch eine sehr wichtige Rolle spielen.

Im digitalen Zahlungsverkehr hat die Blockchain ihren Ursprung her. Mit der Kryptowährung also Smart Produkt auf einer Blockchain werden heute schon viele Abwicklungen im E-Business getätigt.

Sie weist folgende Vorteile gegenüber herkömmlichen digitalen Zahlungsmitteln auf.

3.2.1 Versand in Minuten rund um die Uhr

Ein großer Vorteil der Kryptowährungen ist die Schnelligkeit der Transaktion. Innerhalb von wenigen Minuten können Zehntausende Schweizer Franken weltweit transferiert werden. Neben dieser Schnelligkeit hat Bitcoin den Vorteil, dass das System „Bitcoin" nie schläft und eine dauerhafte Verfügbarkeit gewährleistet wird. Bei diesem Punkt sind die Kryptowährungen konkurrenzlos, außer man möchte horrende Kosten für einen Soforttransfer bezahlen, was auch gleich zu einem weiteren Vorteil führt.

3.2.2 Kostengünstiges Überweisen

Der zweite der großen Vorteile von Bitcoin und den anderen digitalen Währungen sind die Überweisungskosten. Es ist irrelevant, ob die Bitcoins von Berlin nach New York oder Tokio transferiert werden. Das stärkt ärmere Länder bzw. Leute, denn sie sind die Hauptragenden der hohen Überweisungsgebühren. Zudem sparen sich Händler die Kosten für einen Verkauf per Kreditkarte oder auch Paypal und können dadurch Rabatte bieten.

3.2.3 Die Möglichkeiten der Blockchain

Ein weiterer Pluspunkt von Bitcoin hängt mit dem Herzstück, der Blockchain, zusammen. Jede Transaktion wird im öffentlichen Hauptbuch abgespeichert und ist damit quittiert. Das Hauptbuch ist rund um die Uhr verfügbar und jeder kann eine Überweisung in der Blockchain überprüfen. Dieses automatische System könnte zum Beispiel die Buchhaltung enorm erleichtern. Außerdem werden smarte

Verträge in Zukunft Standard sein, welche perfekt an die Blockchain gekoppelt werden können Zum Beispiel wird die Rate für das Auto gezahlt, dann kann dieses auch genutzt werden.[12]

3.3 Abwicklung via Smart Contracts

Mit der voranschreitenden Digitalisierung sollen Geschäftsprozesse immer weiter digitalisiert, vereinfacht und automatisiert werden. Die Smart Contracts und die Blockchain haben ein sehr großes Potential für genau diese Prozesse. Ein Grund hierfür ist, dass mit dem Einsatz eines Smart Contracts ein vollkommen automatisierter Vertrag zwischen einer bestimmten Anzahl von Parteien abgeschlossen wird.[13]

In der Unternehmensorganisation wird ein Unternehmen als die Gesamtheit eines Systems angesehen. Alle Systemelemente, also Menschen, Maschinen, Dateien, Dokumente sind durch eine Beziehung miteinander verbunden und verfolgen gemeinsam einen bestimmten Zweck. Damit solch ein System miteinander organsiert wirtschaften kann, bedingt es einen gut durchdachten Kommunikationsaustausch zwischen den Systemelementen.

Umso besser dieser Austausch funktioniert, desto besser wird in einem Unternehmen ein reibungsloser Workflow stattfinden. Nicht selten kommt es vor, dass genau solche Prozessabläufe blockiert werden.

Unter einer intermediären Funktion versteht man eine Überprüfung eines gewissen Zustandes, respektiv ob eine gewisse Bedingung erfüllt worden ist.

Solch eine Überprüfung könnte zum Beispiel sein, ob der Kunde schon bezahlt hat. Oder ob der Kunde das Gut zum Druck schon bestätigt hat. Oder ob die Daten den richtigen Formaten entsprechen. Diese Überprüfung vollzieht meistens noch ein Mensch.

Also überall da, wo wir einen Bedarf an Vertrauen und Kontrolle benötigen, werden solche Überprüfungen stattfinden. Damit solche Überprüfungen gewährleistet werden können, schliessen wir unzählige Verträge in einem Unternehmen mit internen sowie auch mit externen Parteien. Solche Verträge reichen von minimalen

---

[12] (www.coinwelt.de, 2017)
[13] (Cupic & Rauscher)

Bedingungen wie die eines Lagerbestandes, bis hin zu komplexen Verträgen mit mehreren Steakholdern.

Die Bewirtschaftung, also das Aufsetzen, die Einhaltung und die Kontrolle dieser Verträge, kostet viel Zeit und Geld. Warum also nicht solche Verträge mit einer automatisierten Möglichkeit vereinfachen?

Die Antwort darauf sind die Smart Contracts, die auf einer Blockchain festgehalten sind. Die Verträge benötigen keinerlei Überprüfung des Menschen, sondern sie lösen sich automatisch nach der Erfüllung der Bedingungen aus.

In den folgen Fällen könnte die Smart Contracts solche intermediären Funktionen des Menschen durch einen automatisieren Ablauf ersetzen.

Anwendungsbereich Anhand einem Beispiel in einer Druckerei.

3.3.1 Beschaffungsmarkt

Wie in jedem Wertschöpfungsprozess steht der Beschaffungsmarkt an erster Stelle. Hier müssen wichtige Faktoren einkalkuliert werden um einen reibungslosen Ablauf im Unternehmen zu gewährleisten.

Mittels einer Smart Contract Lösung könnten hier die Anforderungen vordefiniert werden um allfällige Abklärungen zu minimieren oder gar ganz abzulösen. Die Anforderungsbeschreibung mittels Smart Contract in einer Druckerei könnte wie folgt aussehen.

Im Smart Contract wird ein Anforderungsprofil für einen Auftrag erstellt. In diesem wird festgelegt welche Kriterien erfüllt werden müssen für eine Beschaffung des Materials.

Material	weiss matt gestrichenes Papier mit der Grammatur 90g/m2 Format 32cm x 45 cm
Eigenschaften	Notch auf der Anlageseite Sicherheitsfaden in 5 Spalten in der gewünschten Position
Lieferkonditionen	Lieferung innerhalb von 10Tagen Verpackung durch Klarsichtfolie Verpackung auf 3 Paletten verteilt Transport per Lieferservice bis zur Rampe
Kosten	Preis per 100Kg. 130Fr. / Preis pro 1000 Bg. 16.85Fr inkl. Zollgebühren 8% MwSt. 2 % Skonto 10% in WIR Zahlung

Dieses Anforderungsprofil kann nun in einen Smart Contract abgespeichert werden und an den Lieferanten geschickt werden. Erst wenn dieser alle diese Anforderung erfüllen kann kommt es zu einer Auftragsbestätigung und zu einem Kaufvertrag. Dies minimiert den Abklärungsbedarf enorm und spart so Kosten und Zeit.

3.3.2 Produktion

Nach der Wareneingangskontrolle, die via Smart Contract bestätigt worden ist, kommt das Material an einen Lagerort oder direkt in den Produktionsprozess an die Maschinen. Die Maschine, die ebenfalls an den Vertrag gekoppelt ist, erkennt nun ob ihre programmierten Bedingungen erfüllt worden sind um die Produktion zu starten.

In einer Druckerei könnten solche Bedingungen wie folgt aussehen

3.3.2.1 Prepress

Hier wird überprüft ob die Daten, die angeliefert worden sind den Anforderungen entsprechen und der Workflow richtig eingestellt sind.

Dies könnten Kriterien sein wie:

- Die Daten sind im richten Format – PDF/X-4
- Der Weisspunkt des Bildschirmes ist auf 5800 K kalibriert
- Die Leuchtkraft des Bildschirmes beträgt 120-160 cd/m2
- Der Gamma Wert besitzt 2.5

3.3.2.2 Press

Auch die Anforderung an die Maschinen müssen den richtigen Werten entsprechen bevor die Produktion starten kann. Solche Anforderungen könnten sein:

- Die Maschine hat gemäss Produktionsplanung genügend Kapazität
  Die Maschinenparameter sind korrekt.
  Trocknerwerte
  Geschwindigkeit
  Ablage
- Die Messtechnik zur Überwachung ist vollständig
  Messgerättypen
  Beleuchtung
  Messgeometrie
  Messöffnung
  Monochromator
  Sensor
  Kalibration

3.3.2.3 Postpress

Die Anforderungen für die Weiterverarbeitung sind vollzählig und klar definiert.

Schnittformat

- Falzart
  Taschen oder Sammlung
- Beilagen
- Veredelung
- Verpackung

3.3.3 Produktions-Logistik

In einer Druckerei kommt ein Druckgut frisch ab Presse. Der Logistiker möchte das bedruckte Material an einem mit Smart Contracts verknüpften Lagerort einlagern. Er bekommt nur Zugriff zum Lagerraum, wenn die Bedingung der Ware tatsächlich erfüllt ist. Solch eine Bedingung des Druckguts, welches auf einem RFID Chips gespeichert sind, könnte zum Beispiel sein: Gewicht, Menge, Grösse, Temperatur ect.

Erst wenn diese Bedingung erfüllt ist, erhält der Logistiker Zugriff in einen weiteren Lagerraum und kann die Ware einlagern oder direkt an die Maschine weiter transportieren.

3.3.4 Distributionspolitik

Die finale Auslieferung an den Kunden könnte ebenfalls mit diversen Verträgen synchronisiert werden. Stimmt die Adresse der Kunden? Sind die Temperaturen für die Auslieferung optimal? Hat der Kunden alle Kosten bezahlt? Ist das richtige Produkt im Lieferwagen? All das sind Aufgaben, die ein automatisierter Smart Contract beantworten sowie die Erlaubnis dafür geben kann.

3.3.5 Qualitätskontrolle

Die Kontrolle der Qualität könnten an diversen Schnittstellen überprüft werden: Beim Wareneingang, während der Produktion oder bei der Weiterverarbeitung und bei der finalen Distribution an den Kunden.

Während des ganzen Wertschöpfungsprozesses werden, mittels eines RFID Chips, der an dem Smart Produkt anhaftet, gewünschte Bedingungen überprüft. Dazu mehr in dem Kapitel 3.8 Supply Chain Management.

Dieses Beispiel gibt eine Vorstellung eines Warenflusses einer Unternehmung. Doch die Anwendungsmöglichkeiten der Smart Contracts sind hier unzählig. Natürlich können auch im Informationsfluss zwischen Büroabteilungen oder an anderem Unterstützungsprozessen wie Audits mit Smart Contracts gearbeitet werden.

Ein Vorteil beim Einsatz von Smart Contracts in Geschäftsprozessen, ist die hierdurch entstehende schnelle, sichere, transparente, kostengünstige und automatisierte Abwicklung von Geschäftsprozessen. Diese Aspekte wurden vor allem im vorherigen Kapitel detailliert dargestellt.

3.4 Automatisierung

Die auf uns zukommende Industrie 4.0 birgt die Unabdingbarkeit der Vernetzung und der Automatisierung. Die Blockchain Technologie mit der Fähigkeit Smart Contracts und Smart Produkts zu verwalten, spielt in der Zukunft eine ungemein wichtige Rolle. Durch die Smart Contracts lassen sich wie im vorangegangenem Kapitel zu lesen ist unzählige Prozesse in einem Unternehmen vernetzen.

Durch die Vernetzung von verschiedenen einzelnen Prozessen ist es nun möglich eine abteilungsübergreifende Vernetzung und Automatisierung einer ganzen Wertschöpfungskette zu bilden. Darüber hinausgedacht, wäre eine Unternehmung dadurch fähig mit anderen externen Steakholdern zu agieren und sich somit in eine Smart Factory zu transformieren.

Ein wichtiger Faktor der Automatisierung und der Vernetzung ist die daraus resultierende Effizienzsteigerung.

3.5 Effizienzsteigerung

Unter Effizienzsteigerung versteht man messbare Verbesserung zwischen verschiedenen Varianten. Durch die Technologie Blockchain mit der Einsetzung von Smart Contracts lassen sich folgende effizienzsteigernde Schlüsse ziehen.

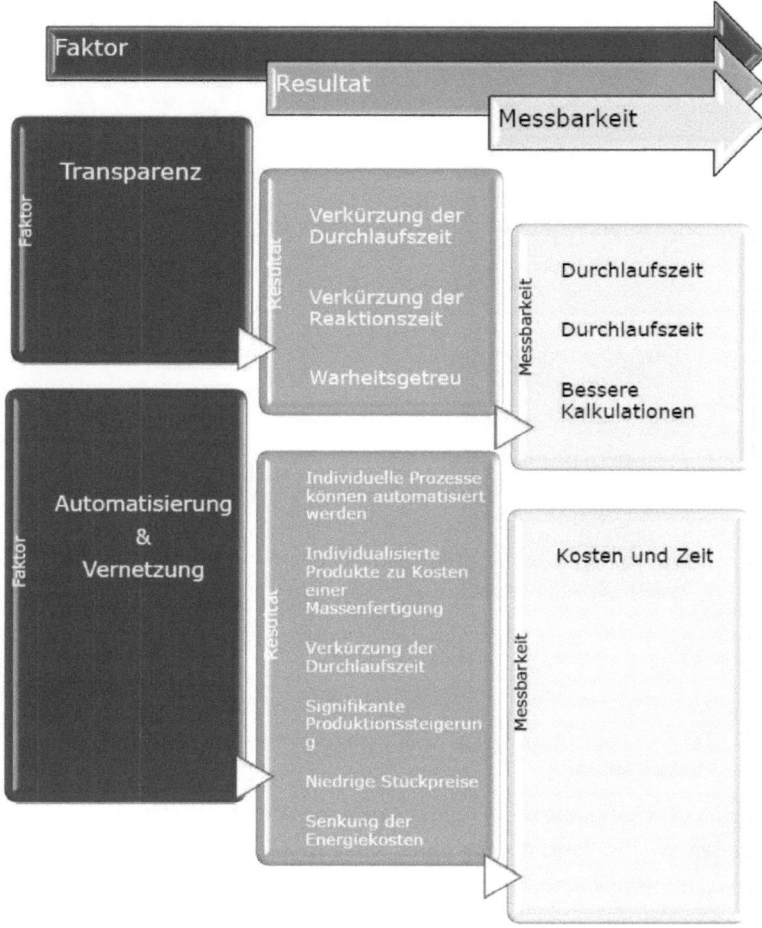

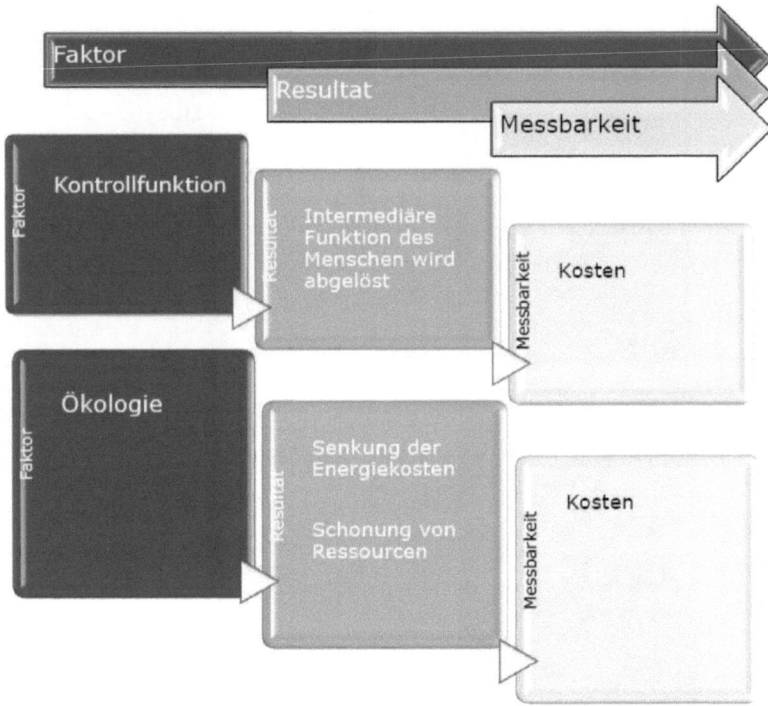

Tabelle 1 Gegenüberstellung Faktor Resultat Messbarkeit
Eigene Darstellung

In einer Druckerei, die den Prozessstandard Offsetdruck PSO erfüllt, fällt die Umsetzung bzw. die Verknüpfung einer Smart Contract einfacher. Die Druckerei hat genau definierte Werte, die sie erfüllen muss. Diese Richtlinien können so 1 zu1 in ein Smart Contract eingefügt werden. Dies führt zu einer noch effizienteren Steigerung der oben genannten Punkte.

3.6 Datenspeicher auf der Blockchain

Gerade Unternehmen die mit E-Commerce wirtschaften sind abhängig von leistungsstarken Computern, die ausfallsicher sind und vor allem einen sicheren Umgang mit Daten gewährleisten können.

Geschäftliche Daten, aber auch Passwörter liegen zumeist in einer Cloud. Gerade grosse Firmen wie Facebook, Google oder Amazon nutzen dazu grosse Serverfarmen. Diese zentralisierte Struktur des Internets ist keinesfalls nur schlecht. Doch sie birgt Gefahren und Risiken mit sich.

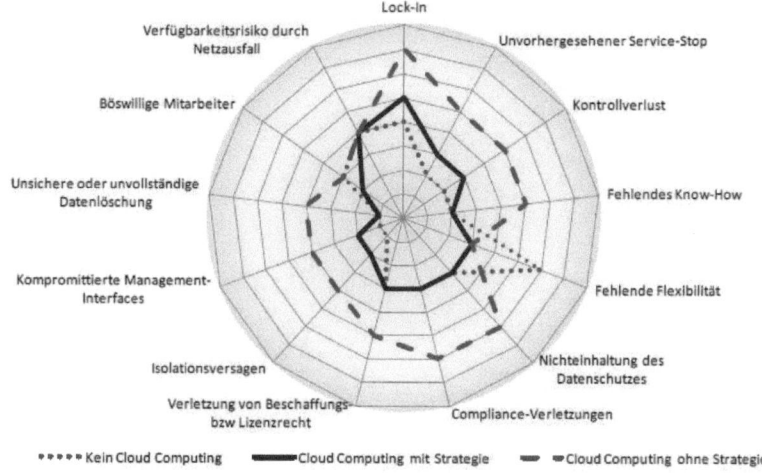

Abb. 8 Cloud vs Blockchain

Quelle: www.computerworld.ch/business/cloud/govcloud- bleibt-wolkig-1330690.html

Gerade die zentralisierten Hosting-Services machen es vielen Menschen und Klein-unternehmen möglich, Webseiten in guter Qualität stabil zu hosten.

Doch die Kehrseite der Zentralisierung ist die Verletzlichkeit. Es gibt unzählige Bei-spiele unautorisierter Zugriffe auf Daten. Gleichzeitig müssen Nutzer den Anbie-tern der Hosting-Dienste häufig mehr Hoheit über ihre eigenen Daten einräumen als ihnen dies lieb ist. Letztlich ist ferner fraglich, ob das klassische Client-Server-Modell in Zeiten des Internet of Things eine sinnvolle Architektur darstellt.[14]

3.7 Fair Trade durch Open Source

Ein Unternehmen steht mit verschiedenen Anspruchsgruppen und Umweltsphä-ren und deren Interaktionsthemen in Verbindung.

Da bei einer Blockchain der Quell Code also das Grundgerüst einsehbar ist, ist auch ersichtlich wie ein Smart Contract mit welchen Bedienungen programmiert wurde. Das schafft im Vertragswesen eine grosse Sicherheit und ein starkes Vertrauen.

---

[14] (www.btc-echo.de, 2018)

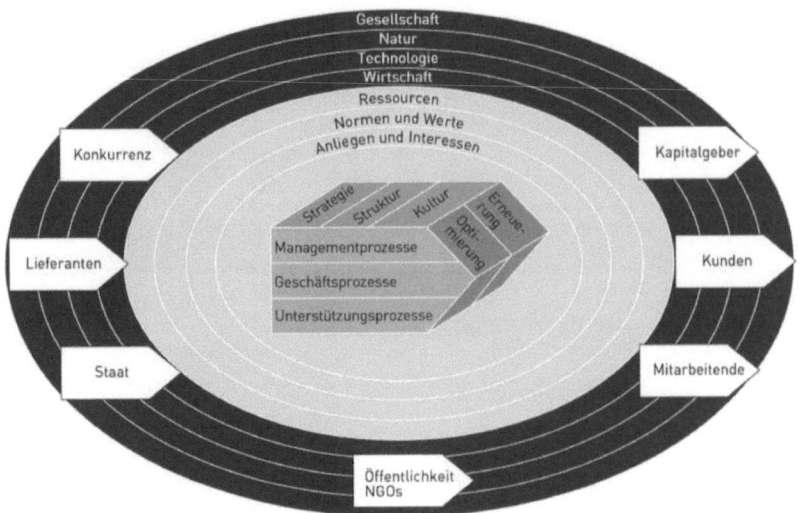

Abb. 9 Neues St. Galler Management Model Rüegg Stürm
Quelle: Neues St. Galler Management-Model Rüegg-Stürm 2003

3.7.1 Kapitalgeber

Durch die Transparenz der Smart Contracts könnten Kapitalgeber einer Unternehmung sicher sein, dass ihre Dividenden wahrheitsgetreu dem erwirtschafteten Kapital entsprechen.

3.7.2 Kunde

Für den Kunden ist durch die Smart Contracts eine Preisrealität gewährleistet. Er sieht genau für was er bezahlt und an welche Bedingungen der Vertrag gekoppelt ist, also was für Nebenkosten sich noch ergeben können. Aus der individuellen Anpassung der Aufträge an den Kunden ergibt meiner Ansicht nach eine viel positivere Kundenbindung.

3.7.3 Mitarbeiter

Der Mitarbeiter von morgen einer Smart Factory hat klare Arbeitsbedingungen durch die auf Blockchain festgehaltene Stellenbeschreibung seines Vertrages sind. Finanzielle Abwicklungen ist für ihn jederzeit einsehbar und nachvollziehbar. Was meiner Meinung nach ein stärkeres Vertrauen an den Arbeitgeber wiederspiegeln kann.

3.7.4 Öffentlichkeit und Medien

Durch öffentliche Verträge mit nichtstaatlichen Organisationen wäre auch für die Gesellschaft einsehbar in welchen Verbindungen das Unternehmen zu diesen steht. Dies wäre eine enorme Transparenz und Erhöhung der Public Relation.

3.7.5 Staat

Durch die Blockchain könnte ein Unternehmen ihre Steuerabwicklungen einfach und clever auf einen Smart Contract speichern. Der Staat könnte hier ebenfalls einen Smart Contract haben für Subventionen oder andere Transferzahlungen an das Unternehmen.

3.7.6 Lieferanten

Die Verbindung zum Lieferanten kann durch spezielle Smart Contracts enorm gesteigert werden. Vorstellbar sind hier automatische Nachbestellungen, die einem Kanban oder Just in Time Prinzip ähneln. Der Finanzfluss kann durch solch einen Vertrag automatisch gewährleistet werden.

3.7.7 Konkurrenz

Verträge mit der Konkurrenz über Patente oder Konkurrenzierungsverbote könnten auf einer Blockchain festgehalten werden, damit nicht dagegen verstossen wird.

3.8 Supply Chain Management

Supply Chain Management (SCM) spielt heute eine wichtige Rolle in Unternehmen. Durch die Globalisierung ist es für Unternehmen entscheidend, die Wertschöpfungsketten effektiv, effizient und flexibel zu gestalten um am Markt attraktiv sein zu können. Durch immer kürzere Produktlebenszyklen und schwankende Nachfragen am Markt sind Unternehmen gezwungen, kurzfristig auf Situationen zu reagieren, um Ressourcen und Material optimal einzusetzen. Das SCM hat schon heute die Aufgabe, Wertschöpfungsketten unternehmensübergreifend zu entwickeln, gestalten und zu steuern, angefangen vom Rohstofflieferant bis hin zum Endverbraucher.

Das Supply Chain Management beschäftigt sich damit, die ganzen Daten über die gesamte Wertschöpfungskette zu sammeln, erfassen und diese auszuwerten. Dies ist nicht immer ganz einfach, infolge von Intransparenz zum Beispiel nicht konsistente oder sogar nicht verfügbarer Daten, manuelle Arbeitsschritte mit viel

«Papierarbeit», fehlende Integration und Schnittstellenprobleme sowie begrenzte Informationen über Lebenszyklen und Transporthistorie der Produkte.

Dies ist nur eine Auswahl der Probleme, die die heutigen Supply Chains, bei denen meist viele Unternehmen beteiligt sind, mit sich bringen. Diese Problemstellungen können sich negativ auf Kosten, Schnelligkeit, Produktqualität und Kundenvertrauen auswirken.

3.8.1 Blockchains versprechen Abhilfe

Sie speichern Daten in einer dezentralen, cloud-basierten Datenbank in einem unveränderlichen Format. Einmal gespeicherte Daten können nicht nachträglich manipuliert werden. Dies erlaubt einen rechtssicheren Austausch zwischen einer beliebigen Anzahl von Akteuren – vom Lieferanten über den Produzenten, Großhändler, Logistikdienstleister, Einzelhändler bis hin zum Kunden.

Die vielfältigen Vorteile der Blockchain-Technologie lassen sich am Beispiel Dry Aged Beef erklären. Gerade bei Fleischprodukten wollen immer mehr Verbraucher wissen, woher ihr Produkt kommt. Über eine Blockchain-Datenbank können sie das über einen QR-Code auf ihrem Smartphone erfahren und jeden einzelnen Abschnitt der Supply Chain nachvollziehen. Sämtliche Informationen über das Produkt liegen in Echtzeit in einer einzigen, konsistenten Version vor. Dazu zählen Herkunft (Fütterung und Aufzucht der Tiere), zeitliche Abläufe (Reifezeit, Transportdauer, Mindesthaltbarkeit) und Standort (des Aufzuchtbetriebs bzw. des Fleischprodukts entlang der gesamten Supply Chain).

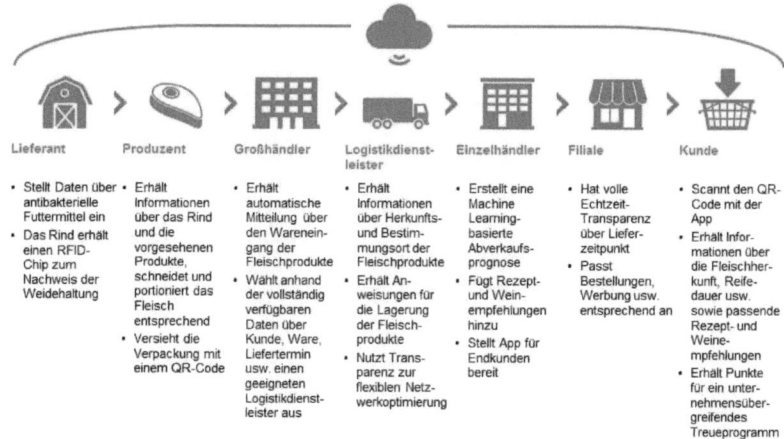

Abb. 10 Blockchain-basierte Supply Chain
Quelle: http://www.oliverwyman.de/our-expertise/insights/2017/nov/blockchains-in-der-supply-chain.html

Blockchains sind somit weit mehr als nur eine moderne Variante des elektronischen Datenaustauschs. Sie haben vielmehr das Potenzial, die Supply Chain zu revolutionieren. Die Blockchain-Datenbank wird zum zentralen Element digitaler Lieferketten. Damit sind deutliche Vorteile gegenüber der herkömmlichen IT-Infrastruktur verbunden.

3.8.2 Traditionelles Track & Trace vs Blockchain Protokoll

Traditionelles Track & Trace	Blockchain
Zentrale Datenbank, die von einem Spieler verwaltet wird – Abhängigkeit	Verteilte Datenbank / Ledger, auf die jeder Spieler unabhängig zugreifen kann
Nicht revisionssicher	Revisionssicher durch Design
Keine vollständige Validierung der Aktivitäten möglich	Vollständige Validierung aller Aktivitäten in der Supply Chain
Anfälligkeit gegenüber Cyberattacken, je nach Schutz der zentralen Datenbank	Hoher Schutz vor Cyberattacken aufgrund dezentraler Speicherung
Beschränkung auf T&T relevante Daten (Ort und Zeit)	Anreicherung der einzelnen Datensätze mit beliebigen Informationen
Begrenztes Automatisierungspotenzial, da Daten nicht revisionssicher sind und Abhängigkeit von Verwalter der Datenbank besteht	Hohes Automatisierungspotenzial durch Revisionssicherheit der Daten und Schnittstellenmöglichkeiten, z.B. für Apps

Tabelle 2 Traditionnelles Track & Trace vs Blockchain
Eigene Darstellung

3.8.3 Höheres Kundenvertrauen

Diese Transparenz und vor allem die Tatsache, dass die Daten sämtlicher Beteiligter in der Lieferkette absolut revisionssicher sind, erhöhen auch im Vergleich zu herkömmlichen Track & Trace-Systemen die Glaubwürdigkeit. Doch das ist noch nicht alles: Einzelhändler können die Datensätze in der Blockchain mit eigenen Informationen ergänzen und damit neue Umsatzpotenziale schaffen – beispielsweise indem sie ihren Kunden passende Rezepte oder Weine zum jeweiligen Produkt empfehlen.

Die Möglichkeiten sind mannigfaltig. In der Logistik zum Beispiel ermöglichen Blockchain-Anwendungen voll digitalisierte Frachtpapiere, digitale Nachweise für den Haftungsübergang für Waren oder automatisierte Zollabfertigungen. So arbeitet das Transportunternehmen Maersk seit Anfang 2017 mit IBM an der Entwicklung von Blockchain-Anwendungen für Frachtverfolgung und -abwicklung. Das Ziel: mehr Transparenz, weniger Leerlaufzeit und niedrigere Kosten.[15]

3.8.4 Vorteile durch Blockchain in der Lieferkette

Die Blockchain in der Lieferkette bringt also zusammenfassend folgende Vorteile mit sich.

- Betrug und Fehler werden reduziert
- Bestandsmanagement verbessern
- Kurierkosten minimieren
- Verzögerungen durch Dokumentation verringern
- Probleme schneller erkennen

3.8.5 Produktionslieferkette

Die Anwendungsmöglichkeiten der Blockchain Technologie begrenzt sich natürlich nicht nur auf die Lieferkette also die Beschaffungsmarktseite eines Produktes. Sie ist ebenfalls auch in den Bereichen der Produktion und des Absatzmarkts einsetzbar.

In der Produktionsstätte eines Unternehmens gibt es heute schon unabdingbar wichtige Tools für das Erfassen von Maschinendaten, sogenannte Manager Information System (MIS). Doch solche Systeme sind oft nicht Systemübergreifen und somit nur schwer zu erfassen.

Durch die Verknüpfung mit der Industrie 4.0 und der Blockchain Technologie als Blackbox, liessen sich solche Reportings von Maschinen ganzheitlich automatisieren und unabänderbar auf der Datenbank speichern. Somit hat man eine ganzheitliche Übersicht der Produktion. Für die Unternehmensführung ist es wichtig reale Daten sammeln zu können um eine möglichst genaue real Wirtschaft anzustreben. Dadurch resultierten wieder folgende Vorteile.

---

[15] (Wyman, 2018)

Abb. 11 Automatisierung des Reportings
Quelle: «Automatisierung des Reportings» Philipp Baumeister, Rüdiger Schulze und
Karoline Werle

3.9 Sicherheitsaspekt

Die Blockchain gilt als ein hoch sicheres und vertrauenswürdiges Transaktionsmedium. Doch was genau macht die Blockchain Technologie so sicher? Und gibt es doch noch Sicherheitslücken in dem vorhergesagten perfekten Verwaltungssystem? In diesem Kapitel geht es um die Faktoren, die die Sicherheit der Blockchain ausmachen.

3.9.1 Fälschungssicherheit

Da die Blockchain auf der Kryptografie basiert, werden die Informationen der Blöcke, also der Inhalt über eine Transaktion oder einen Zustand kryptografisch in einen Hash umgewandelt und somit verschlüsselt. Die Kurzform des Blockes, also der Hash, wird am Schluss des Blockes verankert. Der nächste Block, der geschrieben wird muss die vorangegangene Information des Blockes aufweisen. Also muss mit dem Hash Wert übereinstimmen. So bildet sich eine untrennbare Kette, die zusammenhängt.

Würde jetzt jemand in einem vorangegangenen Block eine Änderung vornehmen, würde der Hashwert nicht mehr stimmen und die ganze Blockchain wird ungültig. Somit ist eine Änderung der Kette unmöglich.

3.9.2 Dezentralität

Wie im Kapitel 2.7 beschrieben ist die Blockchain auf eine Vielzahl von Teilnehmern gespeichert. Jede Note also jeder Teilnehmer hat die Information der Blockchain an seinem Standpunkt gespeichert. Dies ist eine grosse Sicherheit, wenn man davon ausgeht, dass bei alternativen Anwendungen alle Informationen an einem Standpunkt gespeichert sind.

Folgende Szenarien können der Blockchain also nichts anhaben.

Ein mögliches negatives Szenario könnte sein, dass das System einer Serverbank unerwartet durch einen Stromausfall ausfällt. In alternativen Anwendungen wäre dies das Todesurteil. Oder ein böswilliger Angriff von Cyberkriminellen auf einen Standort würde die ganze Infrastruktur einer Serverbank vernichten. Durch Vielzahl von Teilnehmer gibt es bei der Blockchain also auch eine Vielzahl von Backup Möglichkeiten. Dies macht die Blockchain zu einem resistenten und ausfallsicheren Netzwerk.

3.9.3 Vertrauen

Die Blockchain funktioniert wie eine Blackbox. Sie zeichnet alles auf was in dem Netzwerk passiert und das unveränderbar. Da die Blockchain Open Source ist, ist sie für jeden Befugten ersichtlich. Somit kann ein Kunde zu 100 Prozent sicher sein, dass die Schritte die in der Blockchain festgehalten wurden, auch wirklich stattgefunden haben. Das schafft gerade in der globalisierten Weltwirtschaft grosses Vertrauen, da man die Geschäftspartner oftmals gar nicht kennt.

3.9.4 Verhandlung

In einem Smart Contract lassen sich alle Bedingungen, die zu einem Vertrag führen absolut und genau definieren. Erst wenn all diese Bedingungen erfüllt sind, löst sich die Applikation aus. Somit sind Risiken eines Handels ausgeschlossen. Es ist somit unmöglich das bei einem Vertrag noch irgendwelche Lücken gefunden werden. Das böse Erwachen durch Zusatzkosten oder Bedingungen kann somit ausgeschlossen werden. Der Kunden oder der Geschäftspartner weiss somit genau auf was er sich einlässt.

3.9.5 Konsensus

Die integrierte Funktion von Proof of Work und Proof of Stake machen die Blockchain zu einem lebendigen Netzwerk, dass sich selber kontrolliert. Jede Festhaltung einer Information in einem Block muss von einer absoluten Mehrheit akzeptiert werden. Somit können Änderungen von einer Minderheit ausgeschlossen werden. Es entsteht eine flache Hierarchie, da alle an einem Strang ziehen.

4 Evaluation

Die Trends der Digitalisierung sind:Dezentralität, weniger Hierarchien in Unternehmen und kundenorientierter sowie prozessorientierter Aufbau einer Organisation.

Wie bei jeder neuen und disruptiven Technologie stellt sich die Frage, welche Auswirkungen diese auf die heutige Welt haben wird und inwieweit diese Akzeptanz findet. Aktuell wird die Blockchain größtenteils für den Handel von Kryptowährungen genutzt. Der Einsatz in Unternehmen wird noch erprobt oder mittels Pilotprojekten getestet. Die Vorteile von Smart Contracts überwiegen, jedoch sind diverse Nachteile geschäftskritisch. Zum Beispiel würde sich eine Fehlprogrammierung katastrophal auf das Unternehmen und seine Geschäftsbeziehungen auswirken.[16]

Die Vorteile des Blockchain-Prinzips liegen auf der Hand:

- Inhalte können weder gelöscht noch manipuliert werden. Dadurch ist die Blockchain die solide Basis für eine einfache, direkte und sichere Übertragung von Werten und Daten.
- Sie ist eine ideale Grundlage für Dokumentationen.
- Sie eignet sich für die Automatisierung und Standardisierung von Prozessen.
- Sie reduziert Kosten und Risiken.
- Sie steigert Sicherheit, Tempo und Effizienz.

Doch es gibt leider wie bei jeder Innovation Schattenseiten.

4.1 Alternativen

Die Blockchain ist eine hervorragende innovative und neuartige Technologie die heute schon in vielen Anwendungen Fuss fassen konnte. Doch ist sie auch der Alles-Löser für die Zukunft? Ist sie mit ihren Eigenschaften in der Lage alle zukünftigen Herausforderungen der Industrie und der Kommunikation im Bereich der Datentransaktionen und Verwaltung zu lösen?

---

[16] (Cupic & Rauscher)

Ihre Vorteile wurden in dem vorangegangenen Kapitel stark beleuchtet. Doch stellt sich die Frage ob es nicht andere Lösungen gibt, die ebenfalls in der Lage wären die Herausforderungen der Zukunft zu persistieren.

In Punkto Sicherheit kann die Blockchain bei so manchen bisherigen Alternativlösungen als Optimum hervorgehen. Doch hat die Blockchain auch noch negative Seiten, die die Alternativen nicht haben? In diesem Kapitel werden vorangegangene Themen in dieser Arbeit mit möglichen Alternativen verglichen.

4.1.1 Blockchain im digitalen Zahlungsverkehr

Sei es im wirtschaftlichen Bereich der Marktbeschaffung oder auch privaten täglichen Zahlungsverkehrs, die Blockchain hat hier ihren Ursprung und ihre Hauptanwendung.

Doch was sind die grundlegenden Risiken eines Blockchain basierten Zahlungssystemes?

Die Akzeptanz als absolute Zahlungsoption ist sehr gering. Trotz der grossen Bekanntheit der Kryptowährungen wie Bitcoin, gibt es nur einen Bruchteil von Anbieter, die solche Währungen auch akzeptieren.

Da der Umgang mit Kryptowährungen von einem hohen fachlichen Verständnis der Materie abhängig ist, ist die Handhabung noch sehr schwierig.

Da Kryptowährungen noch eine sehr junge Technologie ist, ist sie nicht gerade einstiegsfreundlich. Schon bei der Beschaffung solcher Währungen kommt man schon an diverse Schwierigkeiten. Wenn man sich Kryptowährungen kaufen möchte, ist man abhängig von einer Handelsbörse die Kryptowährungen gegen anerkannte Währungen wie Franken, Euro oder Dollar wechseln.

Zudem sind hier immer wieder versteckte Kosten verankert, die für den Kauf solcher Währungen miteinberechnet werden müssen. Somit zahlt man für die Beschaffung in der Regel immer mehr als der momentane Wert einer Kryptowährung.

4.1.2 Blockchain als Speichermedium

Im dem Kapitel «3.6 Dateispeicher auf der Blockchain» wurden viele Vorteile, wie zum Beispiel die Dezentralität, hervorgehoben. Doch dies könnte auch gerade das grösste Risiko sein. Es gibt in einem dezentralen Netzwerk keine zentrale Stelle die für die Aufgabe zuständig ist.

An wen wende ich mich, wenn ich Probleme oder Fragen habe mit dem Umgang und der Speicherung meiner Daten habe?

Oder wer sieht alles meine Daten, da in einer Blockchain ein Grossteil Open Source ist? Kann man jedem Anbieter einer Blockchain Lösung trauen?

Will man wirklich seine persönlichen wie auch geschäftlich wichtige Daten einem dezentralen Netzwerk überlassen? Oder bevorzugt man eine ansprechbare Vertrauensperson doch lieber, wenn es um die Sicherheit der Daten geht? Hier sind komplexe Abklärungen über den Umgang und die Verschlüsselung der Daten ein wichtiger Faktor.

4.1.3 Blockchain als SCM System

Die Rückverfolgbarkeit durch die Transparenz und der Unabänderbarkeit ist bei einer Blockchain basierten Lösung als hoher Pluspunkt anzurechnen. Doch auch hier stellt sich wieder die Frage was ist dann jetzt alles Open Source? Wer kann sich alles einen Einblick in das Netzwerk verschaffen? Will man, dass jeder sieht wie in einem Unternehmen gewirtschaftet wird?

Es ist klar, dass man nicht alles Prozesse einer Wertschöpfungskette offenlegen möchte. Gerade Kernkompetenzen einer Unternehmung sollten nie in externe Hände gelangen. Da sonst jegliche Abgrenzung und Wertschöpfung gegenüber der Konkurrenz verloren geht.

Oder wie ist es bei Steakholder wie der Steuerbehörde oder Aktionären? Will man Ihnen einen vollzugänglichen Bericht offenlegen wie nun wirklich gewirtschaftet wurde? Somit nimmt man sich jede Möglichkeit um stille Reserven anzulegen. Durch die eintreffende Realwirtschaft würde man sich so jegliche Mittel für die finanzielle Mobilität und deren Steuerung nehmen.

Also sind auch hier wieder enorme Abklärungen vonnöten wie solch eine Blockchain-Lösung programmiert werden soll um nur denen den Zugriff zu gewähren die auch dafür berechtigt sind; dass denen nur die Fakten offen liegen die man ihnen auch transparent machen will.

4.2 Skalierbarkeit

In diesem Thema geht es um die Skalierbarkeit von Blockchains und Ihren Kryptowährungen. Wenn wir von Skalierbarkeit sprechen, geht es im Grunde darum wie leistungsstark ein Netzwerk ist. Also wie viel Leistung oder auch Transaktionen kann dieses Netzwerk auf Zeit verarbeiten.

Die bekannteste Blockchain des Bitcoins, mit der derzeit höchsten Marktkapitalisierung und Transaktionszahlen, verarbeitet derzeit ca. 300.000 Transaktionen pro Tag.[17] Dies entspricht ca. 3-4 Transaktionen pro Sekunde und liegt weit unter den Kapazitäten von zentralen Lösungsanbietern wie beispielsweise Visa (ca.150 Mio. Transaktionen pro Tag / 1700 Transaktionen pro Sekunde) oder PayPal (ca. 5 Mio. Transaktionen pro Tag / 60 Transaktionen pro Sekunde).[18]

In dem Kapitel «2.4 Hashing» wurde aufgezeigt wie sich eine Unmenge von Datenzeichen in einen kleinen Hashwert komprimieren lässt. Wieso ist also die Blockchain von Bitcoin trotz dieser Charaktereigenschaft im Vergleich zu zentralen Lösungsanbietern extrem niedrig?

Die Causa dafür liegt in der Grundkonzeption der Blockchain und zwar in ihren Blöcken. Alle Transaktionen, die in den letzten 10 Minuten im Bitcoin Netzwerk stattgefunden haben, werden auf einen Block geschrieben und gespeichert. Die vordefinierte Speicherkapazität solch eines Blockes fasst 1MB pro Block. Und genau hier liegt das Problem.

Die Speicherkapazität von 1MB pro Block reicht für den rasanten Anstieg der Teilnehmer im Bitcoin Netzwerk nicht mehr aus. Es kommt immer wieder zum Datenstau, da die Miner nicht mehr in der Lage sind solch eine grosse Menge von Daten in so kurzer Zeit zu verarbeiten.

Dies hat die schwerwiegende Folge, dass die Bitcoin Miner nur noch die Daten verarbeiten, die mit einem Bearbeitungshonorar verknüpft sind. Also dem Miner einen grösseren Anreiz geben die Daten zu prüfen. Dies schafft einen Markt der Transaktionsgebühren: Um den Transfer schneller bearbeitet zu bekommen, mussten die User in eine Art Wettstreit treten und trieben damit die Gebühr für die Miner in die Höhe.

Die Abhilfe dafür ist nicht ganz einfach. Man könnte sich denken, dass man einfach die Blockgrösse von 1MB erhöhen könnte und die Welt wäre wieder in Ordnung. Doch die vorgesehene Blockgrösse von 1MB hat einen bestimmten Sicherheitsgrund. Ein Block der grösser als 1 Megabyte ist, wird automatisch in der Blockchain abgewiesen und vom Netzwerk als ungültig eingestuft. Dies war eine Sicherheitsmassnahme, die entworfen wurde um DoS-Attacken (Denail-of-Service /

---

[17] (https://en.bitcoin.it, 2018)
[18] (www.techcrunch.com, 2018)

Dienstblockade) von Hackern zu verhindern, die riesige oder gar unendlich grosse Blocks kreieren und somit das Netzwerk lahmlegen.

Doch die Skalierungsdebatte ist somit nicht versiegelt. Es gibt immer wieder neue Abstimmungen in einer Blockchain wie mit solchen Thematiken umgegangen werden soll. Sobald sich die Mehrheit also der Konsensus sich für eine Lösung entschieden hat, gibt es eine Abspaltung (Hard Fork) einer Blockchain. Dies ist der Grund wieso es mittlerweile solch eine grosse Anzahl von Blockchains gibt.

Jede Blockchain basiert wieder auf einem anderen Grundkonzept mit anderen Blockgrössen und Kapazitätsleistungen. Somit ist es schwer für ein Unternehmen die passende Blockchain für sich auszuwählen. Da es immer wieder zu einer Abspaltung also einer Neukreierung der Blockchain kommen kann.

Alternative Ansätze versuchen das Problem mit anderen blockchain-ähnlichen Strukturen zu lösen. Beispiele hierfür sind das Tangle von IOTA, Hashgraph, die Blockchain Lattice von Nano oder die Auslagerung von Transaktionen auf Sidechains.

Letztlich zeigt sich, dass sich die Krypto-Community der Probleme bewusst ist, die das dezentrale Bitcoin-Netzwerk in seiner derzeitigen Form mit sich bringt. Lösungsansätze gibt es derzeit viele. Welche sich durchsetzen werden, bleibt abzuwarten.

4.3 Energieverbrauch

Wie im Kapitel 4.2 Skalierung bereits angeschnitten wurde, nimmt das zu verarbeitende Datenvolumen der Miner immer mehr zu. Das bedeutet, dass die vorgesehene Leistung für solche Prüfprozesse, also das Mining, immer mehr steigt.

Die Miner brauchen für die enorme Datenverarbeitung immer mehr Rechenleistung. Vor wenigen Jahren reichte für einen normalen Miner ein einfacher Home Personal Computer aus. Heute braucht es für solche Mining Konzepte schon grosse Rechenfarmen um diese Unmengen von Daten verarbeiten zu können. Der Aspekt des Energieverbrauchs im Bezug auf die Ökologie und die Wirtschaftlichkeit darf hier nicht ausser Frage stehen. Klar ist, dass der Mining Prozess momentan viel Leistung braucht. Also ist ein Miner gewillt möglichst günstig an Strom zu kommen. Somit werden immer mehr Rechenfarmen für das Mining an Standorten positioniert, wo der Strompreis relativ günstig ist, wie zum Beispiel in China. Laut einer

Studie der Universität Cambridge vom Frühjahr 2017 wurden 59 Prozent der Bitcoin in China erzeugt, da dort die Preise am geringsten sind.[19]

Die Gefahr, die sich hier zeigt, ist für mich eindeutig. Und zwar leidet hier extrem die Dezentralität einer Blockchain darunter. Was unterscheidet denn eine Blockchain die ihre Hauptrechenzentren an einem oder wenigsten Standorten hält von einer Lokalen Cloud Lösung? Nicht mehr viel! Denn so ist die Blockchain nicht mehr sicher vor Hackangriffen oder gar lokaler Regulierung durch einen Staat.

Würde zum Beispiel China die Kryptowährungen beziehungsweise das Mining verbieten, würde das sicherlich zu einem Einsturz solch einer Blockchain führen.

Ein Lösungsansatz wäre hier, dass man die Stromkosten für das Mining progressiv an die Stromkosten der Standorte anpasst. Also das ein Miner aus der Schweiz gleich viel Stromkosten bezahlen würde, wie ein Miner aus China für das gleiche Datenvolumen. Somit wären der Zerfall der Dezentralität und somit auch die Gewaltenteilung im Netzwerk wieder gesichert.

Dolch solche Lösungen sind nur schwer realisierbar, da man grenzübergreifende Gesetze erlassen müsste und somit der Staat wieder miteingebunden wäre. Und das in einem Netzwerk, das an erster Stelle, unabhängig sein möchte.

Also ist die Dezentralität und der Stromverbrauch für die Aufrechterhaltung einer Blockchain noch ein sehr aktuelles Thema, dass sich in naher Zukunft noch nicht wirklich lösen wird.

4.4 Zukunftsaussichten

Trotz ihrer Nachteile und noch offener Fragen über die Zukunft wird die Blockchain ganz sicher unsere Welt noch stark beeinflussen. Da die Vorteile dieser Technologie im Vergleich zu anderen Lösungen sehr vorangeschritten sind. Sie hat gewissen Eigenschafften bei denen andere Alternative nicht im Geringsten mithalten können wenn es um die Punkte der Transparenz, der Nachvollziehbarkeit und somit der Sicherheit geht.

In diesem Kapitel erläutere und zeige ich eine persönliche strategische Perspektive der Blockchain Technologie auf; wie sie in den Sektoren Betriebswirtschaft und Gesellschaft, in ferner Zukunft, den Einstieg finden könnte.

---

[19] (www.spiegel.de, 2018)

4.4.1 betriebswirtschaftliche Perspektiven

Die Digitalisierung und die Industrie 4.0 liegen nicht in ferner Zukunft. Nein, sie werden jeden Tag realer. Meiner Ansicht nach, werden künftig immer mehr Unternehmen auf eine Blockchain Lösung setzen. Da die Vorteile einer Blockchain Lösung die Nachteile überwiegen.

Die Nachteile, die im Kapitel 4 geschildert worden sind, liessen sich mit einer selbstkreierten Blockchain Anwendung lösen. Die Frage nach Transparenz und Sicherheit oder Datenvolumen können so spezifisch auf die Anwendungen der Unternehmung angepasst.

Somit liesse sich die Blockchain Anwendung mit jedem Arbeitsprozess in einer Wertschöpfungskette verknüpfen. Dies könnten sein:

- Beschaffungsmarkt
- Logistik und Verwaltung (ERP)
- Produktionsunterstützende Verwaltung (MIS)
- Absatzmarkt Verknüpfung für eine reale Wirtschaft
- Speicherlösungen auf der Blockchain

Aber natürlich auch vielen anderen Möglichkeiten:

- Mehr Transparenz beim Personalwesen
- Vertragswesen in Unternehmen
- Ökobilanzen
- Steakholdermanagement

Umso mehr Arbeitsprozesse in einer gemeinsamen Anwendung wie zum Beispiel einer Blockchain, integriert sind, umso besser ist die Kommunikation intern wie auch extern. Somit würde die Unternehmung rasant zu einer Smart Factory wachsen können.

4.4.2 gesellschaftliche Perspektiven

Nicht nur in den betriebswirtschaftlichen Bereichen kann die Blockchain ein grosser Meilenstein für die Zukunft sein. Ebenso in unserem Gesellschaftssystem wäre sie fähig für Ordnung und Sicherheit im Vertragswesen zu sorgen und so das Vertrauen gegenüber unseren Mitmenschen zu schaffen.

4.4.2.1 Kryptowährungen in der Gesellschaft

Die Kryptowährungen, die auf der Blockchain basieren, werden heute schon in verschieden gesellschaftlichen Bereichen als Finanzierungsmöglichkeit angewendet. Zukünftig können sie noch verstärkt ihre Anwendung darin finden.

4.4.2.1.1 Abonnement bei der SBB

Bei der Schweizerischen Bundesbahn ist es seit 2017 möglich, an weltweit über 10'000 Akzeptanzstellen ohne Kreditkarte oder Bankverbindung, schnell und bequem mit Bitcoins zu bezahlen.[20]

Auch andere Dienstleister wie Facebook, Uber, oder Google sind an der eigenen Kreation von Kryptowährungen interessiert.

„Wie viele andere Unternehmen sucht auch Facebook nach Möglichkeiten, die Macht der Blockchain-Technologie zu nutzen. Dieses neue kleine Team wird viele verschiedene Anwendungen erforschen. Mehr gibt es dazu nicht zu sagen."[21]

So ein Facebook-Sprecher über die Facebook Kryptowährung

4.4.2.2 Blockchain im Vertragswesen

Nicht nur als Zahlungsmittel kann die Blockchain in der Gesellschaft fungieren, sondern auch als globales Verwaltungssystem, wie Verträge, Urkunden und Lizenzen via Smart Contracts.

4.4.2.2.1 Grundbucheintrag

Wo es heute noch einen Notar für die Überschreibung eines Grundstückes braucht, könnte in Zukunft eine Blockchain die Lösung für die intermediäre Funktion des Notares sein. So hätten Anbieter und Käufer direkten Kontakt (Peer to Peer Prinzip) und könnten so schneller eine Grundbuch Abwicklung durchführen.

Georgien und Schweden sind in dieser Ansicht schon weit vorne. So setzt schon Georgien auf die Blockchain als Grundbuch und in Schweden wurden die ersten Pilotprojekte dazu erfolgreich abgeschlossen.[22]

---

[20] (www.sbb.ch, 2018)

[21] (www.btc-echo.de, 2018)

[22] (www.netzwoche.ch, 2018)

4.4.2.2.2 Versicherungen

Der Versicherte hat ähnliche Gründe, sich vor der Blockchain zu fürchten, wie der Finanzsektor, wenn mittels Smart Contracts peer-to-peer-Versicherungen angeboten werden. Somit könnten zum Beispiel Versicherungsbeiträge automatisch steigen, weil das Auto riskantes Fahrverhalten direkt an die Versicherung meldet.[23]

4.4.2.3 Blockchain im Gesundheitswesen

Gesundheitsdaten sind ein sensibles Thema. Während die patientenbezogenen Informationen nämlich zwischen Ärzten und Krankenkassen zirkulieren, sind sie ständig einer gewissen Öffentlichkeit ausgesetzt. Im gleichen Moment beinhalten sie jedoch auch persönliche Informationen der Patienten zu Krankheitsverlauf und -geschichte. Zu diesen (Meta-)Daten gehören darüber hinaus auch Daten, die sich über mobile Endgeräte erfassen lassen. Fitness-Apps erfassen so, wie viel wir gehen, schwitzen und schlafen. Dadurch entstehen Persönlichkeitsprofile, die einerseits sehr nützlich sind, wenn sie ausgewertet werden. Andererseits sind sie jedoch persönlich und schützenswert.

So springt auch der finnische Telekommunikationskonzern Nokia springt derzeit auf den Blockchain-Zug auf. Aktuell suchen sie Lösungen, um Daten aus dem Gesundheitssektor zu speichern. In Zusammenarbeit mit der OP Financial Group haben die Finnen ein Pilotprojekt gestartet, um Bewegungs- und Gesundheitsprofile sicher, anonym und dezentral zu speichern.[24]

4.4.2.3.1 Blockchain-basierte digitale ID

Nach der erfolgreichen Testphase seit Juli dieses Jahres und der finalen Entwicklung ist es nun soweit: Die Stadt Zug bietet ab sofort allen Einwohnerinnen und Einwohnern die Möglichkeit, eine digitale Identität zu bekommen. Diese basiert auf einer App und ist mit der Ethereum-Blockchain verknüpft. Die Einwohnerinnen und Einwohner können sich in wenigen Schritten über die Website der Stadt Zug und einer App registrieren. Anschliessend geht man kurz bei der Einwohnerkontrolle persönlich vorbei, um sich seine Daten bestätigen zu lassen.

Digitale Identitäten gibt es viele. Sie haben eines gemeinsam: Die Personendaten sind auf zentralen Servern gespeichert und können gestohlen werden. Die Stadt Zug geht einen anderen Weg und stellt die Nutzerinnen und Nutzer ins Zentrum.

---

[23] (www.leadvise.de, 2018)
[24] (www.btc-echo.de, 2018)

Sie allein verwalten die persönlichen Daten ihrer Identität, weil diese weder zentral noch im Internet gespeichert, sondern liegen verschlüsselt auf dem eigenen Mobiltelefon vor. Ohne Einwilligung der Benutzer bleiben die Daten auf dem Mobile unter Verschluss. Jeder ist so sein eigener Datenschutzbeauftragter.[25]

4.4.2.4 Blockchain im Online Marketing

Brendan Eich, der Gründervater von Javascript, entwickelt derzeit ein neues System, das die Online-Werbebranche revolutionieren könnte. Das BAT-System wird im Wesentlichen Zahlungen zwischen der Triade von Werbenden (Advertisern), Inhaltserstellern (Publisher) und Konsumenten erleichtern. Advertiser zahlen ihre Zielgruppe direkt für das Anschauen ihrer Werbung. Die Zielgruppe wiederum zahlt Publisher dafür, dass diese relevante Inhalte liefern. Zahlungen werden automatisch vom Browser eines Benutzers an Brave Publisher übertragen. Um ein gesundes Gleichgewicht zu bewahren, können Sie als Nutzer entweder Anzeigen ansehen oder eine beliebige Währung gegen sogenannte BAT tauschen und damit die Geldbörse Ihres Browsers füllen.[26]

4.4.2.5 Wahlen

In einem Wahlsystem, das auf einer Blockchain beruht, könnten die eingetragenen Wähler vom heimischen Tablet aus anonym, sicher und direkt wählen. Die Zwischenergebnisse wären jederzeit exakt abrufbar und ebenso fehlerfrei und fälschungssicher wie die finale Auszählung nach Wahlschluss. Das Projekt «Follow my vote» verfolgt das Ziel, auf Grundlage der Kryptowährung BitShares, eine sichere Plattform für Online-Wahlen zu entwickeln. Der nächste Schritt führt zu Konzepten wie Liquid Democracy.[27]

---

[25]   (www.stadtzug.ch)

[26]   (https://basicattentiontoken.org, 2018)

[27]   (www.leadvise.de, 2018)

5 Schlussbetrachtung

Neben Effizienzgewinnung und Kostenvorteilungen verspricht die Blockchain vor allem ein Ende der Willkür: Entscheidungen fallen zukünftig auf Basis von solider Evidenz und unter Einbezug künstlicher Intelligenz; Intermediäre werden entmachtet; Betrügern wird das Handwerk erschwert; korruptem Verhalten wird das Spielfeld entzogen. Nicht korrumpierbare Transparenz und Automatisierung von Transaktionen in der Blockchain schaffen eine neue Qualität von Sicherheit im Internet der Werte.

Auf dem Spiel stehen andererseits die Grauzonen und die Räume des Uneindeutigen. Grauzonen dienen aber nicht nur als Schutzraum für kriminelle Machenschaften – sie sind auch die Orte, an denen Kulanz, individuelle Entscheidungsspielräume und Großzügigkeit in Wirtschaft, Verwaltung und sozialem Miteinander zuhause sind. Die positiven Seiten der Intransparenz zu erhalten gehört sicherlich zu einer der wichtigeren gesellschaftlichen Aufgaben beim Übergang in eine Blockchain-Ökonomie.

6 Kritische Würdigung

Das Schreiben und die Erarbeitung dieser Diplomarbeit war für mich sehr spannend und lehrreich. Ich konnte mir sehr viel Wissen aneignen und dieses mit bestehendem Wissen kombinieren.

Doch als absoluter Neuling in diesem Gebiet fiel es mir Anfangs schwer dieses breit gefächerte Thema einzugrenzen.

Das Aneignen des Wissens über die Funktion und den Nutzen der Blockchain Technologie war sehr anspruchsvoll und war mir anfangs noch sehr fremd.

Durch intensives Beschäftigen mit diesem Thema; durch das Lesen von Literaturen sowie diversen Berichten, oder das beiwohnen von Webinaren und Gespräch führen mit Fachpersonen konnte ich mir ein Grundwissen für diese Technologie erarbeiten.

Erst als ich mir das Grundwissen dieser innovativen Technologie zu eigen machte, war ich fähig das enorme Potenzial der Blockchain auf andere Anwendungsmöglichkeiten zu realisieren.

Von diesem Zeitpunkt an, konnte ich das neu gelernte mit bestehendem Wissen aus der Kommunikationswirtschaft verknüpfen und die erarbeitenden Themen verfassen.

Die Arbeit hat mein Wissensgut um eine große Portion bereichert und meine Fähigkeiten im vernetzen Denken gesteigert.

Ich bin überzeugt, dass das Erarbeiten dieser Diplomarbeit mir nicht nur einen Wissensvorsprung in dem kommenden Technologiewandel bringt, sondern mich auch in Zukunft noch lange begleiten wird.

Verzeichnisse

Literaturverzeichnis

Alex Tapscott, & Don Tapscott. (2016). Die Blockchain Revolution . Börsen Medien.

Cupic, Z., & Rauscher, A. (s.d.). *www.syntax-solution.de.* Récupéré sur https://www.syntax-solution.de/wp-content/uploads/sites/7/2018/02/Blockhain-bassierte-Smart-Contract-Andreas-Rauscher-Zoran-Cupic.pdf

Ford, H. (19. Jh.). Récupéré sur https://www.brainyquote.com/quotes/henry_ford_136294

Heraklit. (544 v. Chr.). Ephesus.

https://basicattentiontoken.org. (2018, Mai). Récupéré sur https://basicattentiontoken.org/

https://en.bitcoin.it. (2018, April). Récupéré sur https://en.bitcoin.it/wiki/Scalability

Koenig, A. (2017). Bitcoin - Geld ohne Staat. Dans A. Koenig, *Bitcoin - Geld ohne Staat* (p. 10). München: Finanz Buch Verlag.

Koenig, A. (2017). *Crypto Coins .* München: Finanz Buch Verlag.

Tapscott, A., & Tapscott, D. (2016). Die Blockchain Revolution. Dans A. Tapscott, & D. Tapscott, *Die Blockchain Revolution* (p. 28). Börsen Medien.

www.btc-echo.de. (s.d.). Récupéré sur https://www.btc-echo.de/macht-facebook-ernst-mit-seiner-eigenen-kryp-towaehrung/

www.btc-echo.de. (2017, September). Récupéré sur https://www.btc-echo.de/tutorial/was-ist-proof-of-stake/

www.btc-echo.de. (2018, Februar 26). Récupéré sur https://www.btc-echo.de/tutorial/was-ist-ethereum-ether/

www.btc-echo.de. (2018, Mai). Récupéré sur https://www.btc-echo.de/macht-facebook-ernst-mit-seiner-eigenen-kryp-towaehrung/

www.btc-echo.de. (2018, Mai). Récupéré sur https://www.btc-echo.de/macht-facebook-ernst-mit-seiner-eigenen-kryp-towaehrung/

www.btc-echo.de. (2018, Mai). Récupéré sur https://www.btc-echo.de/nokia-schafft-loesung-im-gesundheitssektor/

www.cognizant.com. (2018, April). Récupéré sur https://www.cognizant.com/de-ch/blockchain

www.coinwelt.de. (2017, Februar). Récupéré sur http://coinwelt.de/2015/09/4-vorteile-von-bitcoin-und-anderen-krypto-waehrungen/

www.computerwoche.de. (2018, Februar 26). Récupéré sur https://www.computerwoche.de/a/blockchain-im-einsatz,3316539.

www.itwissen.info. (2017, September). Récupéré sur https://www.itwissen.info/Peer-to-Peer-Netz-peer-to-peer-network-P2P.html

www.leadvise.de. (2018, Mai). Récupéré sur http://www.leadvise.de/latest-thinking/blockchain/was-kann-blockchain/

www.leadvise.de. (2018, Mai). Récupéré sur http://www.leadvise.de/latest-thinking/blockchain/was-kann-blockchain/

www.netzwoche.ch. (2018, Mai). Récupéré sur http://www.netzwoche.ch/news/2016-06-20/schweden-integriert-block-chain-beim-grundbuchamt

www.sbb.ch. (2018, Mai). Récupéré sur https://www.sbb.ch/de/bahnhof-services/dienstleistungen/weitere-dienstleistungen/bitcoin.html

www.spiegel.de. (2018, Mai). Récupéré sur http://www.spiegel.de/wirtschaft/unternehmen/bitcoin-stromverbrauch-bedroht-globale-energiewende-a-1182234.html

www.stadtzug.ch. (s.d.). Récupéré sur http://www.stadtzug.ch/de/ueberzug/ueberzugrubrik/aktuelles/aktuell esinformationen/?action=showinfo&info_id=431448

www.techcrunch.com. (2018, April). Récupéré sur https://techcrunch.com/2011/09/25/paypal-now-processing-315-million-in-payments-per-day/

Wyman, O. (2018, April 28). Récupéré sur http://www.oliverwyman.de/our-expertise/insights/2017/nov/blockchains-in-der-supply-chain.html.

Weitere Literaturen

Stephan Fuchs	Unternehmensführung – Schulunterlagen HF TGZ
Michael Keller	Brancheninformatik – Schulunterlagen HF TGZ
Charly Mettler	Logistik – Schulunterlagen HF TGZ
Dr.Thomas Oehninger	Marketing – Schulunterlagen HF TGZ
Eduard Senn	Qualitätsmanagement – Schulunterlagen HF TGZ
Jean-Paul Thommen	Betriebswirtschaft und Management

Weitere Quellen

Webinar mit Dr.Julian Hosp – Blockchain und Kryptowährungen

Gesprächsaustausch mit Reto Gadient CEO Blockchain Academy

Gesprächsaustausch mit Dr. Karl-Heinz Gerdes – Geschäftsführer

Gesprächsaustausch mit Dr. Ulrich Franke – Institutsleiter für SCM

Diverse Videodokumentationen über die Blockchain Technologie

Abbildungsverzeichnis

Tabellenverzeichnis

Abkürzung und Fremdwortverzeichnis

Abkürzung / Fremdwort	Bezeichnung
Advertise	Englisches Wort für werben
Big Data	Riesige Datenmenge
Chiffrieren	Etwas verschlüsseln
Client Server	Zentrale Serverstruktur
Cloud	Bereitstellung von IT-Infrastruktur wie beispielsweise Speicherplatz, Rechenleistung oder Anwendungssoftware als Dienstleistung über das Internet
Coin	Digitale Münze
Cyber-physical System	Verbund informatischer, softwaretechnischer Komponenten mit mechanischen und elektronischen Teilen, die über eine Dateninfrastruktur, wie z.B. das Internet, kommunizieren
Dos	Denail of Service / Dienstleistungsblockade
Early Adopters	frühzeitiger Anwender
E-Buisness	integrierte Ausführung aller automatisierbaren Geschäftsprozesse eines Unternehmens mit Hilfe von Informations- und Kommunikationstechnologie
E-Commerce	Ein- und Verkaufsvorgänge mittels Internet.
Fork	Abspaltung einer Programmierungsart
Hosting Server	Verfügung stellen von Infrastruktur für Serverleistungen
Intermediär	Vermittler
IOT	Internet of Things
Kohärenz	Zusammenhang, Abstimmung
Konsensus	Übereinstimmung der Meinungen
Kryptografie	Verschlüsselungstechnik
MIS	Manager Information System
P2P	Peer to Peer
Paypal	Online-Bezahldienst
Reporting	Bericht
RFID Chip	Radio Frequency Identification. / Identifizierung über elektromagnetische Wellen.
SCM	Supply Chain Management

Smart Factory	Intelligente Fabrik / Integration von Industrie 4.0 Technologien
Steakholder	Anspruchsgruppe